OSNABRÜCK

KARSTEN IGEL

Liebe Mina, nächsten Monat ist Osnabrück dein Zuhause, als musst du dich ja dort auch zurecht finden :p

WEITERE STADTFÜHRER AUS UNSERER REIHE

Bamberg • Bayreuth • Braunschweig • Erfurt • Chemnitz • Flensburg • Göttingen • Gotha • Goslar • Halle (Saale) • Hameln • Hildesheim • Jena • Kiel • Magdeburg • Meiningen • Oldenburg • Paderborn • Rostock • Zeitz

Viel Glück und das du schnell wieder in Dortmund bist

mitteldeutscher verlag

Die heute farbenfrohen Treppengiebel prägen seit dem Spätmittelalter das Panorama des Osnabrücker Marktes

TOP-TIPPS

DOM ST. PETRUS

Karl der Große gründete das Bistum um das Jahr 800. So weit reichen auch die ältesten Mauern im Dom zurück. Noch heute ist die schöne spätromanische Basilika mit ihrem gewaltigen Triumphkreuz Herz des Osnabrücker Bistums. S. 24

ALTSTÄDTER RATHAUS

Mit dem prachtvollen spätgotischen Rathausbau zeigten die Osnabrücker um 1500 ihren Stolz und Reichtum. Weltgeschichte wurde hier zwischen 1644 und 1648 mit den Verhandlungen zum Westfälischen Frieden geschrieben. S. 39

FELIX-NUSSBAUM-HAUS

Die Bilder des 1944 in Ausschwitz ermordeten jüdischen Malers aus Osnabrück haben im Museumsbau von Daniel Liebeskind einen einzigartigen Rahmen gefunden. Das Museum ohne Ausgang raubt dem Besucher jede Orientierung. S. 49

ST. JOHANN

Im Jahr 1011 wurde die Stiftskirche außerhalb der Stadt gegründet, später entstand um sie die Neustadt. Die gotische Hallenkirche aus der zweiten Hälfte des 13. Jh.s birgt wunderschöne Stücke aus dem Mittelalter. S. 78

DIÖZESANMUSEUM UND DOMSCHATZ

Prächtige Goldschmiedearbeiten, wundervolle Schnitzwerke – im Diözesanmuseum zeigt sich die ganze Schönheit Osnabrücker Kunstschaffens im Mittelalter, als die Stadt ein bedeutendes Goldschmiedezentrum war. S. 30

ENTDECKER-TIPPS

KULTURGESCHICHTLICHES MUSEUM

Hier lässt sich die Osnabrücker Stadtgeschichte anschaulich vom Mittelalter bis in die Gegenwart hinein erleben. Ein großes Stadtmodell zeigt Osnabrück in den Jahren um 1640, als hier der Friedenskongress tagte. S. 129

KRAHNSTRASSE

Trotz der Zerstörungen im Zweiten Weltkrieg stehen hier noch die prächtigen Osnabrücker Bürgerhäuser dicht nebeneinander. Sie versetzen zurück in alte Zeiten, zugleich liegt hier eine der schönsten Einkaufsstraßen. S. 59

STEINWERK BIERSTRASSE

Schon um 1200 wurde das eindrucksvolle Steinwerk in der Bierstraße gebaut. Damals ein sehr luxuriöser und prachtvoller Bau. In seiner Form mit den mächtigen Gewölben ist es einzigartig in Deutschland. S. 64

LEDENHOF

Wie ein kleines Schloss steht er mitten in der Stadt. Im Ledenhof mit seinem turmartigen Steinwerk lebte im 15. und 16. Jh. eine der mächtigsten Familien der Stadt. Von Bürgermeistern wurden sie zu Adligen. S. 73

RUND UM DEN PIESBERG

Kaum einer vermutet in Osnabrück gewaltige Felsschluchten – hier sind sie zu finden! Kohle wurde hier schon im Mittelalter abgebaut, Steine noch heute. Ein tolles Museum zeigt Osnabrücker Industriegeschichte. S. 91

WILLKOMMEN IN OSNABRÜCK

„Eine schöne Westfälin" – so ließe sich Osnabrück kurz und treffend beschreiben. Und sogleich würden viele fragen: Westfalen, hier ist doch Niedersachsen? Zu Niedersachsen gehört Osnabrück politisch, doch historisch, kulturell und sprachlich ist die Stadt an der Hase unverkennbar westfälisch. Neben Münster, Dortmund und Soest war sie im Mittelalter eine der vier großen Städte Westfalens und prägte die Geschichte des Landes. Mit Münster schloss Osnabrück 1246 einen der ersten deutschen Städtebünde und die Nachbarin ist noch immer der gern genommene und hoch angelegte Vergleichsmaßstab.

Verstecken muss sich Osnabrück dabei nicht, denn schön ist es hier zweifellos – ungeachtet der Gewerbe- und Industrieviertel einer wirtschaftlich prosperierenden Stadt. Geschickt werden diese von den zahlreichen Hügeln und Grünanlagen verborgen. Trotz der starken Kriegszerstörungen und Sünden des Wiederaufbaus prägen bis heute schöne und einzigartige Bauten aus den vergangenen Jahrhunderten das Stadtbild

Osnabrücks. Immerhin sechs der einst neun mittelalterlichen Kirchen blieben bis heute erhalten. Die Steinwerke gibt es in ihrer besonders massiven Bauweise nur hier und der Osnabrücker Klassizismus zeugt von großer Wirtschaftsblüte um 1800. Daneben stehen spannungsvolle und herausragende Beispiele moderner Architektur.

Über 1.200 Jahre Geschichte sind der Stadt in ihr Bild geschrieben, lassen sich an Bauten und Straßen ablesen. Um das Jahr 800 erhob Karl der Große Osnabrück zum Bischofssitz, Friedrich Barbarossa verlieh den Bürgern 1171 ein Privileg, auf das die Stadt eine Selbstständigkeit gründete, über die nur wenige andere verfügten. Weltgeschichte wurde in Osnabrück geschrieben, als hier und in Münster zwischen 1644 und 1648 die Grundlagen der europäischen Diplomatie gelegt und der Westfälische Friede geschlossen wurden. Katholiken und Protestanten haben seitdem Toleranz und Zusammenleben in der Stadt eingeübt und ihr eine ganze eigene Identität verliehen, die heute als Friedensstadt zur Offenheit gegenüber anderen Kulturen verpflichtet.

Der Bürgerbrunnen von Hans Gerd Ruwe erzählt plastisch Stadtgeschichte

Tradition und Moderne leben in Osnabrück eng und fruchtbar zusammen. Es gibt noch die alten Bürgerfamilien und traditionsreiche Unternehmen. Osnabrück ist zugleich reiche Bürgerstadt und Arbeiterstadt, aus der Auto-Klassiker wie der Karmann Ghia, Käfer- und Golf-Cabrio stammen und – als Wissenschaftsstandort in die Zukunft weisend – Weltmeister im Roboter-Fußball. Hier werden noch immer Stahl und Kupfer verarbeitet, aber genauso exquisite Pralinen – und mit dem „la vie" liegt eines der besten deutschen Restaurants im Herzen der Stadt. Alle zusammen feiern die Osnabrücker auf der Maiwoche, einem der größten Stadtfeste Norddeutschlands, oder dem romantischen Weihnachtsmarkt zwischen Dom und Rathaus. Große Geschichte, reiche Kultur, exquisite Küche – die älteste Stadt Niedersachsens zeigt viele schöne Seiten!

VERANSTALTUNGS-KALENDER

FEBRUAR

Ossensamstag Auch in Osnabrück wird traditionell am Samstag vor Rosenmontag Karneval gefeiert. www.ossensamstag.de

MÄRZ/APRIL

Frühjahrsmarkt Zehntägiger großer Jahrmarkt an der Halle Gartlage.

APRIL/MAI

European Media Art Festival Eines der international bedeutendsten Foren der Medienkunst mit Filmfest, Kongress und großer Ausstellung. www.emaf.de

Classic con Brio Die Osnabrücker Kammermusiktage mit Konzerten, öffentlichen Proben und Meisterkursen auf höchstem Niveau an verschiedenen Spielorten. www.classic-con-brio.de

MAI

Nachtflohmarkt Am 1. Maiwochenende füllen Samstagsnacht zahllose Flohmarktstände die Innenstadt zwischen Dom und Neumarkt.

TIPP Aktuelle Veranstaltungshinweise können Sie einfach unter www.os-kalender.de nachschauen. Alles rund um das Nachtleben mit Konzerten, Partys und Clubs ist auf www.nachtleben-os.de zu finden.

Maiwoche Die Innenstadt verwandelt sich für 10 Tage in eine Festmeile mit zahlreichen Musikbühnen, Marktständen und reichhaltiger Gastronomie. Eines der größten Volksfeste Norddeutschlands. www.osnabrueck.de/maiwoche

JUNI

Morgenland-Festival Hier kommt im internationalen Zusammenspiel die faszinierende und weit gefächerte Musik des nahen und mittleren Ostens auf die Bühnen. www.morgenland-festival.com

JUNI–SEPTEMBER

Sommer in der Stadt Zahlreiche Veranstaltungen von Freiluft-Kabarett bis zu Open-Air-Konzerten locken den Sommer über nach Osnabrück. www.fokus-os.de

AUGUST

Die Goldene Säge Am 1. Sa. im August spielen in der Innenstadt Straßenmusiker aus ganz Europa um den Osnabrücker Straßenmusikerpreis. www.fokus-os.de

Osnabrücker Weintage Das Weinfest der Osnabrücker Weinhändler auf dem historischen Markplatz. www.osnabruecker-weintage.de

AUGUST/SEPTEMBER

Kulturnacht Einmal im Jahr öffnen Samstagnacht alle Museen, Galerien,

Romantisch ist das Flair des Osnabrücker Weihnachtsmarktes

Theater, Kirchen und andere sonst leicht übersehene Orte mit buntem Programm um Kultur und Musik.

SEPTEMBER

Bergfest In jedem geraden Jahr startet am 1. Sa. ein großes Fest rund um den Piesberg und das Museum Industriekultur. Die Dampflokfreunde bieten Pendelfahrten vom Haupt- und Altstadtbahnhof an. www.piesberger-gesellschaftshaus.de

Nachtflohmarkt Am 1. Septemberwochenende füllen Samstagsnacht zahllose Flohmarktstände die Innenstadt zwischen Dom und Neumarkt.

OKTOBER

Unabhängiges FilmFest Osnabrück Fünf Tage lang zeigt eines der ältesten niedersächsischen Filmfestivals in verschieden Spielstätten Filme rund um jährlich wechselnde Themenschwerpunkte. Die Stadt verleiht dazu den Friedensfilmpreis. www.filmfest-osnabrueck.de

OKTOBER/NOVEMBER

Herbstmarkt Zehntägiger großer Jahrmarkt an der Halle Gartlage

OKTOBER–DEZEMBER

Kabarett-Festival Kleinkunst vom Feinsten in der Lagerhalle mit Kabarettgrößen und vielversprechenden Nachwuchskünstlern. www.lagerhalle-osnabrueck.de

DEZEMBER

Weihnachtsmarkt In der Woche vor dem 1. Advent beginnt der wunderschöne Weihnachtsmarkt vor den historischen Kulissen von Rathaus und Dom sowie bei St. Johann. Zahlreiche Stände mit Kunsthandwerk, Feuerzangenbowle und anderen Spezialitäten. www.osnabrueck.de/weihnachtsmarkt

DIE FRIEDENSSTADT

Vier lange Jahre währten die Verhandlungen von Ende 1644 bis zum Herbst 1648. Am Ende stand das erste und eines der bedeutendsten europäischen Friedenswerke. Nachdem am 6. August 1648 mit dem Osnabrücker Handschlag der Weg zum endgültigen Vertrag geebnet war, wurde am 24. Oktober 1648 der Westfälische Friede schließlich in Münster unterzeichnet und am folgenden Tag auch von der Osnabrücker Rathaustreppe verkündet. An den denkwürdigen Tag erinnern heute die Osnabrücker Viertklässler mit einem jährlichen Steckenpferdreiten durch die Stadt. Im Altstädter Rathaus künden die Porträts der Gesandten im Friedenssaal von den langwierigen Verhandlungen. Der Westfälische Friede ist nur eine historische Wurzel der heutigen Friedensstadt. Denn 250 Jahre nach dem Friedensschluss kam Erich Maria Remarque, Autor von „Im Westen nichts Neues“, in Osnabrück zur Welt, ging hier zur Schule, wurde Rekrut und besuchte das Lehrerseminar. Osnabrück erscheint als stets ungenanntes, verschlüsseltes Vorbild in seinen Romanen. An Remarque gedenkt die Stadt mit dem **Erich Maria Remarque-Friedenszentrum** (S. 130) und einem nach ihm benannten Preis. Träger des seit 1991 alle zwei Jahre vergebenen Erich Maria Remarque-Friedenspreises waren unter anderem Lew Kopelew, Leoluca Orlando, Henning Mankell, Avi Primor und Abdallah Frangi.

Der Maler Felix Nussbaum wurde 1904 als Sohn einer jüdischen Osnabrücker Bürgerfamilie geboren. Seine Bilder im Stil der Neuen Sachlichkeit zeugen vom bedrückenden Wandel seines Lebens nach der Flucht aus Deutschland und der ihn einholenden Verfolgung bis zur Ermordung in Auschwitz 1944. Sein Werk steht bildhaft für den Holocaust und hat 1998 einen würdigen Rahmen im ihm gewidmeten **Museumsbau von Daniel Liebeskind** (S. 49) gefunden. Wiederentdeckt wurde der Osnabrücker Rechtsanwalt Hans Calmeyer, der als Mitglied der Besatzungsbehörde Tausenden niederländischen Juden das Leben rettete.

Osnabrück leitet aus seiner Geschichte und seinen Persönlichkeiten eine besondere Verpflichtung

Die Türklinke des Rathauses erinnert mit der Taube an den Westfälischen Friede

für den Frieden ab. Toleranz und Weltoffenheit, ökologische Verantwortung für Ressourcen sowie der Ausgleich zwischen armen und reichen Ländern sind Leitbilder, die sich die Stadt gesetzt hat und vom Büro für Friedenskultur gefördert werden. Grundsätzlichen Fragen und aktuellen Debatten der Welt- und Gesellschaftspolitik widmen sich die mehrmals im Jahr von Stadt und Universität ausgerichteten Osnabrücker Friedensgespräche. Die Deutsche Stiftung Friedensforschung wurde im Jahr 2000 von der Bundesregierung in Osnabrück eingerichtet und damit die Idee der Friedensstadt gewürdigt. Schon lange hat das Kinderhilfswerk „terre des hommes" seine Heimat in Osnabrück. Das **Morgenland-Festival** (S. 8) lädt zum genussvollen Erkunden ferner Kulturen ein und vielleicht hat sich das Avicenna-Studienwerk zur Förderung muslimischer Studierender hier genau im richtigen Umfeld niedergelassen.

DIE HANDELSSTADT

Der Handel kam unausweichlich mit der Bistumsgründung. Der **Dom** (S. 24) benötigte Wein, kostbare Stoffe und sakrale Geräte aus edlen Metallen und Steinen. Zugleich zog er zu den Hochfesten zahlreiche Besucher aus einem weiteren Umkreis an, eine Gelegenheit Handel zu treiben. Bis zum Ende des 12. Jh.s entstanden so drei große, vier Tage dauernde Jahrmärkte, vier kleinere eintägige kamen im 13. und 14. Jh. an Klöstern hinzu.

Auf die bis heute bestehende Bedeutung des Viehhandels weist die volksmündliche Deutung des Namens Osnabrück als Ochsenbrücke. Tatsächlich bedeutete der Name zwar „die Brücke über die Hase", aber auch der Flussübergang lenkte den Handel hierher. Schon damals lag Osnabrück an einem der wichtigsten Handelswege des Mittelalters, der Straße vom Rhein zur Ostsee – der heutigen, Hansalinie genannten, Autobahn A 1. Und so finden sich auch Osnabrücker im Handel der Hanse vertreten. Eine größere Rolle scheinen sie in Visby auf Gotland gespielt zu haben, ebenso in Stockholm. In Lübeck beheimatete Osnabrücker Familien nahmen eine wichtige Stellung im Bergenhandel ein, nutzten aber ebenso ihre Verbindungen daheim in Westfalen.

Wolltuch als wichtiges Exportgut ging bis nach England, andernorts wurde es nachgeahmt und mit gefälschten Osnabrücker Tuchplomben als Qualitätssiegel versehen. Gleiches galt für die Leinwand, aus dem Osnabrücker Umland, die über die städtische Legge als Prüfanstalt verhandelt wurde. Zeugnisse dieser Zeit finden sich in den Bauten rund um den Markt und im **Kulturgeschichtlichen Museum** (S. 129). Osnabrücks neuerliche Blüte im 18. Jh. verdankte die Stadt ihrer Einbindung in den atlantischen Dreieckshandel. Die Leinwand aus dem Umland trieb als Segeltuch die Schiffe an und kleidete die Sklaven in der Karibik ein. So wie der Stadtname Genuas

Das Leggesiegel garantierte die Qualität der Osnabrücker Leinwand

später für Jeans Pate stand, so war Osnaburg gleichbedeutend mit Sklavenkleidung. Langfristig kein Erfolgsrezept, lebt der Name im Angelsächsischen aber noch als grober Baumwollstoff fort. Zurück kamen Zucker und Tabak über den Atlantik, der in Osnabrücker Manufakturen zu Zigarren verarbeitet wurde. Die prachtvollen Kaufmannspaläste des Osnabrücker Klassizismus zeugen noch heute von der wirtschaftlichen Blüte, die von Napoleons Kontinentalsperre jäh unterbrochen wurde.

Im 20. Jh. nahm sogar eine große Innovation im Einzelhandel ihren Ausgang von Osnabrück, als Herbert Eklöh, später Begründer des Douglas-Konzerns, hier 1938 den europaweit ersten Selbstbedienungsmarkt für Lebensmittel eröffnete. Die Tradition des Handels setzt sich bis heute fort, noch immer ist Osnabrück ein wichtiger Großhandelsstandort und als Verkehrsknoten Sitz großer Speditionen. Als Einkaufsstadt mit nicht wenigen inhabergeführten Geschäften lässt Osnabrück ohnehin kaum Wünsche offen.

DIE STADT DER STEINWERKE

Osnabrück birgt einzigartige Bauschätze aus dem Mittelalter – die Steinwerke. Zu entdecken sind sie häufig erst auf den zweiten Blick, stehen sie doch meist als Hinterhäuser im Hof und nur selten direkt an der Straße. Mit ihrem Keller, einem beheiztem Erdgeschoss, einem Ober- und Dachgeschoss boten sie komfortablen Wohnraum und sowohl feuerfeste wie gut klimatisierte Lagerräume. Ähnliche Bauten finden sich auch in anderen Städten Westfalens, Niedersachsens und darüber hinaus. Doch so massiv gebaut, mit Keller- und Dachgewölbe, mit einer mächtigen Mauer zum Vorderhaus, in der Treppenaufgang und Kamin verborgen wurden, gibt es sie nur in Osnabrück.

Ähnlich sind allein die ebenfalls mit Dachgewölben versehenen Steinwerke in Visby auf Gotland. Beide Städte waren im 13. Jh. eng innerhalb des hansischen Handelsraumes verbunden, das gilt aber auch für die Nachbarstädte in Westfalen. Ein Grund für die besonders massive Bauweise in

Osnabrück dürfte denn auch die leichte Verfügbarkeit der Rohstoffe gewesen sein: Der Stein stammte aus dem Westerberg unmittelbar vor den Stadttoren, ebenso nah lag der in einem Bergwerk im Gertrudenberg abgebaute Kalk und spätestens seit dem Spätmittelalter wurde Kohle aus dem Piesberg zum Kalkbrennen verwandt.
Über hundert Steinwerke standen noch vor dem Zweiten Weltkrieg, weit mehr konnten inzwischen aus Bauakten und Schriftquellen identifiziert werden. Heute sind immerhin noch 35, wenn auch zum Teil nur in Resten, in der Stadt zu finden. Das älteste in Osnabrück erhaltene **Steinwerk in der Bierstraße** (S. 64) stammt aus der Zeit vor 1200, ein weiteres entstand bald nach 1200. Insgesamt sieben sehr massive Bauten mit Gewölben dürften vor der Mitte des 14. Jh.s errichtet worden sein. Denn nachdem 1338 der Rat für alle Neubauten Ziegeldächer verordnet hatte, konnte auf die Dachgewölbe als Brandschutz verzichtet und die Mauern schlanker errichtet werden. Die jüngeren Steinwerke seit der zweiten Hälfte des 14. Jh.s waren so zwar weniger massiv, manche dafür aber höher.

Großes Steinwerk in der Marienstraße mit Fenstern aus dem 14. Jh.

So ähnelt das nach 1530 siebengeschossig aufgestockte **Steinwerk des Ledenhofes** (S. 73) schon fast einem Bergfried.
Wenig wissen wir über die mittelalterlichen Vorderhäuser der Steinwerke, die heutigen sind stets jünger. Erwähnt werden sowohl Fachwerk wie Steinbauten, schon 1177 stand ein Steinhaus am Markt und die ältesten noch aus dem Spätmittelalter erhaltenen Bürgerhäuser am Markt zeigen steinerne Treppengiebel. Auch heute gibt es eigentlich keine Fachwerkhäuser in Osnabrück, denn angesichts der mächtigen Brandmauern und des rückwärtigen Steinwerks gehören auch die erhaltenen Fachwerkfassaden des 16. und 17. Jh.s genau genommen zu Steinhäusern mit Fachwerkgiebeln. Die waren wohl eine im 16. Jh. aufkommende Mode – angesichts von Holzmangel konnte gerade ein reich verzierter und holzreicher Giebel Prestige zeigen.

EINE GRÜNE STADT

Gegründet wurde Osnabrück im Tal der Haseniederung, doch inzwischen erstreckt sich die Stadt tatsächlich über sieben Berge und Hügel des Osnabrücker Berglandes. Im Norden rückt das Wiehengebirge nahe heran und im Süden grüßen die Höhen des Teutoburger Waldes. Die Lage macht es unmöglich, Osnabrück von einem Punkt aus zu überblicken, vielmehr verleihen die Höhenzüge, die zahlreichen Grünanlagen und Waldflächen Osnabrück ein ausgesprochen grünes Gepräge. **Gertrudenberg** (S. 88) und **Westerberg** (S. 90) schieben sich wie grüne Finger fast unmittelbar an den mittelalterlichen Stadtkern heran. Früher stellten beide Stadtberge große Herausforderungen an die Stadtbefestigung, heute laden sie zu Spaziergängen ein, die von der Innenstadt hinaus ins Grüne führen. Der Westerberg gilt als das vielleicht schönste Osnabrücker

Wohnviertel, sicher aber als das teuerste Pflaster der Stadt.

Längst wiederentdeckt haben die Osnabrücker ihren Fluss, die Hase. Abseits des Großstadtlärms führt ein Steg vom Bahnhof über den Fluss bis in das Zentrum und fast den ganzen Haselauf entlang lässt sich das Stadtgebiet durchradeln – die letzten Lücken werden in den nächsten Jahren geschlossen. Im Wald des Schölerberges im Süden verbirgt sich – als einer der schönsten in Deutschland und Erlebniswelt für die ganze Familie – der **Zoo** (S. 135). Spektakulär sind die bis 80 Meter hohen Felswände im **Piesberg** (S. 91). Ehemals Müllkippe und noch immer gewaltiger Steinbruch, entwickelt sich hier ein spannender Landschaftspark und ein Zentrum für Osnabrücker Industrie- und Eisenbahngeschichte.

Eine grüne Stadt im Grünen – das bedeutet Lebensqualität für alle Generationen, besonders natürlich für junge Familien. Abwechslungsreiche Spielplätze finden sich bis in das Stadtzentrum, das **Nettebad** (S. 133) und das **Moskaubad** (S. 134) bieten Freibäder und Liegewiesen. Im Heger Holz, am Rubbenbruchsee oder im Nettetal laden stadtnah Wald und Wasser zum Spazieren und Naturgenießen ein.

Setzt auch mit ihrem Sitz grüne Maßstäbe – die Deutsche Bundesstiftung Umwelt

Das Grüne, die Erhaltung von landschaftlicher Schönheit und der Grundlagen unserer Ernährung und Umwelt sind wichtige Themen in der Stadt. Als Friedensstadt begreift Osnabrück auch den Schutz von Natur und Ressourcen als Garanten friedlichen Zusammenlebens. Die Hochschule Osnabrück ist mit ihrem Campus in Haste einer der führenden Studien- und Forschungsorte für Gartenbau, Landschaftsarchitektur und Landwirtschaft. Seit 1990 ist Osnabrück mit der Deutschen Bundesstiftung Umwelt Sitz einer der größten europäischen Stiftungen, die sich mit einem Kapital von rund zwei Milliarden Euro der Förderung von Umwelt- und Naturschutz widmet. Auch das Boden-Bündnis, in dem sich europäische Städte und Gemeinden gemeinschaftlich für den Schutz des Bodens als Grundlage des Lebens einsetzen, hat mit der Gründung im Jahr 2002 seine Heimat in Osnabrück gefunden.

DAS OSNABRÜCKER LAND

Im Süden die Mittelgebirge von Teutoburger Wald und Wiehengebirge, im Norden die weite Haseniederung und die Ränder der großen Moore – das Osnabrücker Land verbindet die unterschiedlichsten Naturräume. Verborgen sind darunter zahlreiche Naturschätze, so zählt ein großer Teil des Landes zum **Unesco-Geopark TERRA.vita** (S. 139). Nirgendwo sonst in Deutschland ist eine vergleichbare Vielfalt von Landschaft, Geologie und Natur auf so engem Raum zu finden! Als Bodenschätze wurden hier schon früh Silber, Kohle und Eisen gefördert. Dem Salz in den Tiefen der Osnabrücker Bergregionen verdanken Kurorte wie Bad Essen und Bad Rothenfelde ihre Bedeutung.

Trotz aller landschaftlichen Gegensätze – als historische Kulturlandschaft verfügt das Osnabrücker Land über eine uralte Tradition. Der heutige Landkreis entspricht fast genau dem früheren Hochstift Osnabrück, bis 1802 das Territorium der Bischöfe von Osnabrück. Nur das ehemalige Amt

Reckenberg um Wiedenbrück liegt heute im Landkreis Gütersloh in Nordrhein-Westfalen. Die Relikte der Vergangenheit reichen aber viel weiter zurück – Großsteingräber lassen die Leistungen der Bewohner während der Jungsteinzeit erahnen und in **Kalkriese** (S. 101), mutmaßlicher Ort der Varusschlacht, wurde vielleicht Weltgeschichte geschlagen. Noch weiter zurück in die Erdgeschichte weisen **Saurierspuren** (S. 102) im Wiehengebirge.

Dauerhaft geprägt wurde die Osnabrücker Kulturlandschaft aber seit dem Mittelalter: Prächtige Burgen und Wasserschlösser, stolze Bauernhöfe, alte Kirchen und Klöster oder die zahlreichen Museen laden zu Besichtigungen ein. Prächtig sind auch die beiden nach Osnabrück nächstgrößten und ältesten Städte des ehemaligen Hochstifts, **Wiedenbrück** (S. 106) und **Quakenbrück** (S. 100) mit ihren zahlreichen Fachwerkhäusern. Und in **Rheda** (S. 106) stehen noch Teile der stolzen Burg der Edelherren zu Lippe, von denen einer 1305 im Osnabrücker **Bucksturm** (S. 51) schmoren durfte. Die waldreichen Bergzüge locken zu Wanderungen, gleich

Auch heute kommen noch regelmäßig Römer nach Kalkriese im Osnabrücker Land

mehrere Fernwanderwege führen durch das Osnabrücker Land, nicht zuletzt ein Teilstück des Jakobsweges. Fahrradwege passieren über größere Distanzen die Region oder erkunden als Rundtouren ihre Besonderheiten wie lustvolle Gärten zwischen **Bramsche** (S. 101) und **Bad Essen** (S. 102), dorthin zieht es jährlich Zehntausende zum bedeutendsten deutschen Gartenfestival auf Schloss Ippenburg.

Eng verbunden mit dem Osnabrücker Land ist schließlich **Tecklenburg** (S. 105). Die schmucke Bergstadt wird ob der weiten Aussicht auch Balkon des Münsterlandes genannt. Die dortigen Grafen waren zwar nur etwas mehr als ein halbes Jahrhundert Vögte des Hochstifts, ehe sie 1236 von Bischof und Stadt aus diesem Amt gedrängt wurden. Bis 1400 versuchten sie aber immer wieder, ihre Herrschaft über Osnabrück auszudehnen. Das Osnabrücker Land hätte so auch zum Tecklenburger Land werden können.

RUND UM DOM UND RATHAUS

Auf zwei Haseinseln wurden im frühen Mittelalter Dom und Markt errichtet. Krahn-, Bier- und Lohstraße führen, einem alten Hasearm folgend, wie eine Umgehungsstraße darum und lassen so noch die Ausmaße des frühen Bischofssitzes erahnen. Über 1.200 Jahre Stadtgeschichte sind hier versammelt und mit dem Rathaus ein Ort der Weltgeschichte, in dem 1644 bis 1648 Gesandtschaften über den Westfälischen Frieden berieten. Heute laden die Plätze und prachtvollen Bauten zum Flanieren ein, der Markt ist als Festplatz zugleich die gute Stube der Stadt – Restaurants und Cafés locken zum Verweilen.

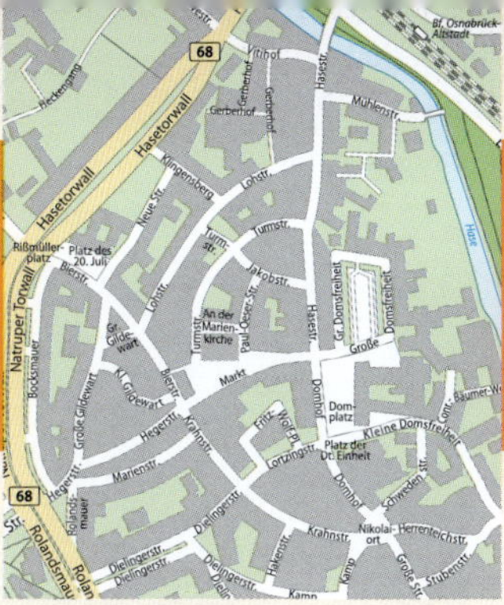

SEHENSWERTES

Dom St. Petrus Hier begann vor über 1.200 Jahren Osnabrücks Weg zur Stadt. Ungewöhnlich sind seine beiden ungleichen Türme als Ergebnis einer mittelalterlichen Kirchturmpolitik. S. 24 1

St. Marien Eine der schönsten westfälischen Hallenkirchen fasziniert mit ihrem lichtdurchfluteten Inneren. S. 35 6

Altstädter Rathaus Machtvoll zeigt es den Stolz und Reichtum Osnabrücks um 1500. Der Friedenssaal erinnert an Zeiten, als hier Weltgeschichte geschrieben wurde. S. 39 8

GASTRONOMIE

Cafeteria-Trattoria Am Rathaus Gutes Essen und im Sommer die schönsten Plätze auf dem Markt. S. 114 19

la vie Eines der besten Restaurants Deutschlands in einem der schönsten Häuser der Stadt. S. 115 35

Café am Markt Die Empfehlung für Kuchen und Torten. S. 116 48

siehe große Karte S. 22/23

Eiscafé Fontanella Vielleicht das beste Eis in Osnabrück. S. 117 56

Il Paradiso Tolle Espresso-Bar zwischen Dom und Rathaus S. 117 62

EINKAUFEN

L'Artiste Der Laden für zauberhafte Dinge mit drinnen verborgenen Café. S. 122 12

Leysieffer Pralinen und Schokolade vom Feinsten. Ein Tipp sind die Himmlischen, auch als süßes Mitbringsel. S. 122 13

ÜBERNACHTUNG

Romantik Hotel Walhalla Direkt hinterm Rathaus beherbergt ein altes Bürgerhaus eines der besten Hotels der Stadt. S. 125 2

KULTUR UND FREIZEIT

Theater Osnabrück Das große Haus der städtischen Bühnen präsentiert von Schauspiel über Oper bis zu Symphoniekonzerten ein großes und gutes Spektrum. S. 131 10

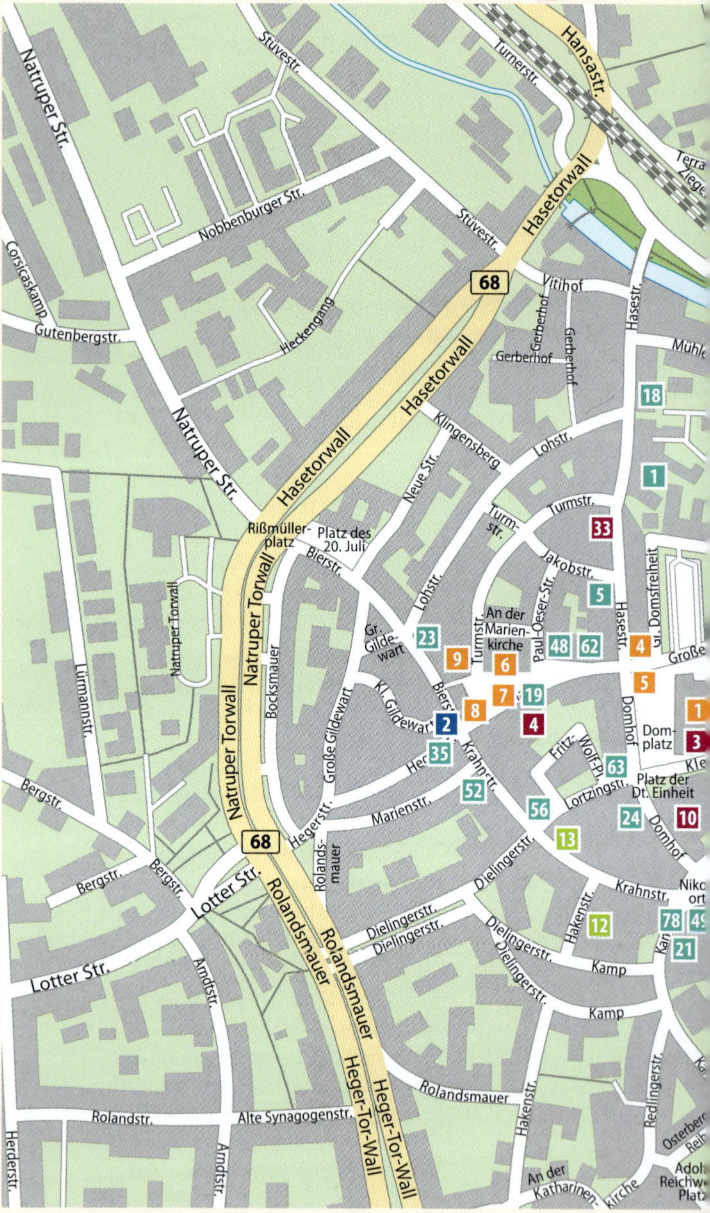
Natruper Str.
Stüvestr.
Turnerstr.
Hansastr.
Nobbenburger Str.
Hasetorwall
Corsicaskamp
Gutenbergstr.
Heckengang
68
Vitihof
Gerberhof
Hasestr.
Mühle
18
Klingensberg
Lohstr.
1
Neue Str.
Turmstr.
Turm-str.
33
Rißmüller-platz
Platz des 20. Juli
Bierstr.
Jakobstr.
Natruper Torwall
Gr. Domsfreiheit
5
Lohstr.
An der Marien-kirche
Paul-Oeser-Str.
48
62
Gr. Gilde-wart
23
9
6
4
Große
Lürmannstr.
Bocksmauer
Kl. Gildewart
19
7
5
8
2
4
Domhof
Dom-platz
1
3
Große Gildewart
35
Krahnstr.
Fritz-Wolf-Pl.
63
Platz der Dt. Einheit
Bergstr.
52
Marienstr.
Lortzingstr.
56
24
10
Domhof
Hegerstr.
13
Rolands-mauer
Dielingerstr.
Lotter Str.
Rolandsmauer
Krahnstr.
Hakenstr.
12
78
21
Kamp
Arndtstr.
Heger-Tor-Wall
Rolandstr.
Alte Synagogenstr.
Herderstr.
Redlingerstr.
An der Katharinen-Kirche
Adolf-Reichwein-Platz

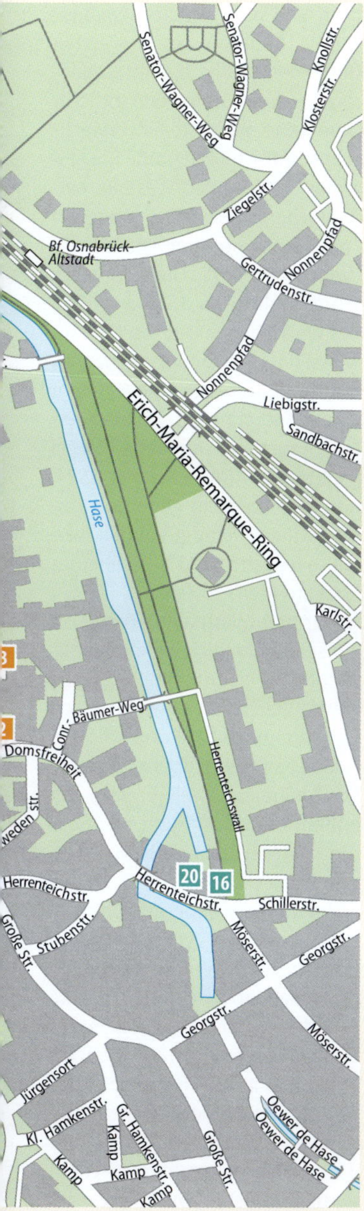

SEHENSWERTES

1 Dom St. Petrus S. 24
2 Domschatz S. 30
3 Ehemaliges Jesuitenkolleg und Große Domsfreiheit S. 30
4 Bischöfliche Kanzlei S. 33
5 Löwenpudel S. 34
6 St. Marien S. 35
7 Markt S. 38
8 Altstädter Rathaus S. 39
9 Stadtwaage S. 43

GASTRONOMIE

1 Alte Gaststätte Holling S. 113
5 Hausbrauerei Rampendahl S. 113
16 Ashoka S. 114
18 Brasserie Saunus S. 114
19 Caféteria-Trattoria „Am Rathaus“ S. 114
20 Goldener Drache S. 114
21 Ichiban Sushi S. 114
23 La Vecchia Citta S. 114
24 Lotusgarten S. 114
35 la vie S. 115
48 Café am Markt S. 116
49 Café & Bar Celona S. 116
52 Café Läer S. 116
56 Eiscafé Fontanella S. 117
62 Il Paradiso S. 117
63 Lieblingskaffee S. 117
78 Pferde haben keine Flügel S. 118

EINKAUFEN

12 L'Artiste S. 122
13 Leysieffer S. 122

ÜBERNACHTUNG

2 Romantik Hotel Walhalla S. 125

KULTUR UND FREIZEIT

3 Diözesanmuseum S. 130
4 Erich Maria Remarque-Friedenszentrum S. 130
10 Theater Osnabrück S. 131
33 Kunstraum Hase29 S. 133

1 DOM ST. PETRUS S. 22

TOP-TIPP

Am Anfang war der Dom. Von der Bistumsgründung durch Karl den Großen in den Jahren um 800 ging die Entwicklung Osnabrücks zur Stadt aus. Schon vor 787 hatte der Lütticher Bischof Agilfrid (765–787) hier eine erste Missionskirche geweiht. Die einschiffige Saalkirche kam bei Ausgrabungen im Langhaus des Domes zum Vorschein. Was dort unter dem Fußboden verborgen liegt, ist im südlichen Kreuzgangflügel noch im Mauerwerk erhalten. Eine Wand aus dem ausgehenden 8. Jh. hat dort mehr als 1.200 Jahre überdauert. Andere Befunde legen nahe, dass hier vielleicht schon in den 770er-Jahren Steingebäude neben der Kirche standen. Die alten Mauern erklären übrigens auch, warum der Kreuzgang nicht rechtwinklig an den Dom anschließt: Die erste Kirche hatte eine andere Ostausrichtung als der heutige Dom. Mit der Erhebung zum Bischofssitz nach 800 wurde die Saalkirche erweitert. Schon vor 830 begann der Bau einer ersten großen Kathedralkirche und wohl noch vor Ende des 9. Jh.s wurde der nächstgrößere Kirchenbau in Angriff genommen.

Der heutige Dom ist bereits die fünfte Kirche und umfasst mehrere Bauphasen vom 11. bis in das 16. Jh. Dieser Zeitrahmen spannt sich im Westbau mit seinem schlanken vor Mitte des 12. Jh.s vollendeten romanischen Nordturm und dem massiven spätgotischen Südturm aus der ersten Hälfte des 16. Jh.s auf. Ihr Gegensatz verleiht dem Osnabrücker Dom seine markante, unverwechselbare Ansicht. Die große Rosette wurde 1305 in den Westbau eingebrochen, erst 1531 hingegen kam das Hauptportal hinzu. Kirchturmpolitik im wahrsten Sinne des Wortes führte ab 1510 zum Bau des wuchtigen Südturms. Mit ihm wollte das Domkapitel den damals fast fertiggestellten hohen Turm von St. Katharinen (S. 70) übertreffen. Angesichts fehlender Mittel konnte der Turm aber erst 1544, nun als Fingerzeig gegen die Reformation, vollendet werden, verfehlte jedoch knapp die Höhe des Konkurrenten.

Hinter dem Westbau verbirgt sich ein sehr einheitlich wirkender Kirchenraum – ein schönes Beispiel westfälischer Spätromanik, dessen Bau vermutlich 1218 unter Bischof Adolf von Tecklenburg begann. Das Langhaus ist als Basilika mit hohem Mittelschiff und niedrigeren Seitenschiffen erbaut. Massige Pfeiler tragen das Gewölbe, während die Wände noch einmal von schmaleren Zwischenpfeilern unterbrochen werden, auf denen die Arkadenbögen ruhen – eine Anordnung, die als gebundenes System bezeichnet wird. Geprägt wird das Mittelschiff von den kuppelartig bis 21 Meter Höhe aufragenden, sogenannten Domikalgewölben nach westfranzösischem Vorbild. Entlehnt wurden sie der

DOM ST. PETRUS

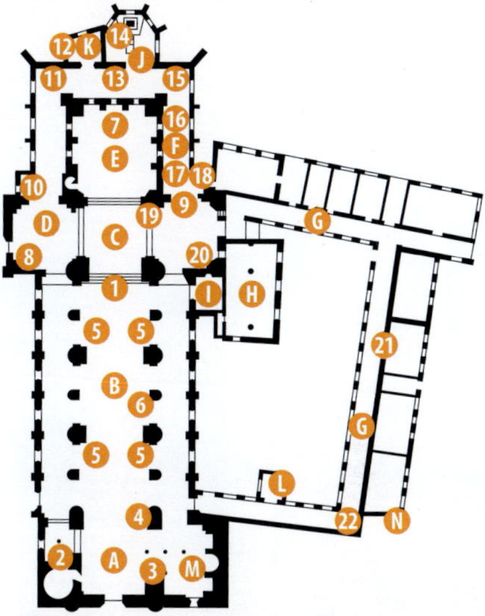

- A Westbau
- B Langhaus
- C Vierung
- D Querhaus
- E Chor
- F Chorumgang
- G Kreuzgang
- H Sakristei
- I Sakramentskapelle
- J Marienkapelle (ehm. Hieronymus)
- K Kreuzkapelle
- L Marienkapelle unter dem Turm
- M Nikolaikapelle (ehm. Michaelis)
- N Diözesanmuseum

1. Triumphkreuz (um 1200)
2. Tauffünte (um 1225)
3. Schrein des seligen Rainers (1896/7)
4. Petrusstatue (1980)
5. Apostelfiguren (um 1525)
6. Kanzel (1751/2)
7. Hochaltar (1903)
8. Epitaph des Dompropstes Balduin Voß (1611)
9. Perspektivische Eisengitter (1654)
10. Josephs-Altar (Mitte 18. Jh.)
11. Kalvarienberg (um 1760)
12. Snetlage-Altar (1517) und Sakramentshaus (Mitte 15. Jh.)
13. Tafelbild „Christus im Garten Gethsemane" (um 1515)
14. Altar des Bäckeramtes (1478)
15. Margarethen-Altar (um 1525)
16. Epitaph für Bischof Franz Wilhelm von Wartenberg (1905)
17. Epitaph des Domdekans Albert von Bevessen (nach 1458)
18. Adolf-Altar (1924)
19. Rosenkranzmadonna (um 1525)
20. Epitaph des Dompropstes Ferdinand von Kerssenbrock (1757)
21. Mauer des späten 8. Jh.s
22. Marschalk-Epitaph (1463)

Kirche des westfälischen Zisterzienserklosters Marienfeld, an deren Weihe Adolf von Tecklenburg, selbst Zisterzienser, 1222 beteiligt war.

Das gebundene System des Langhauses spiegelt sich in der reich gegliederten Nordfassade von 1220/30, der eigentlichen Schauseite des Doms. Hier wechseln sich pfeilerartige breite und schmale Wandvorlagen ab. Über einem hohen Sockel gliedern zwei Reliefzonen die Wand mit Spitzbogenfries und einer Spitzbogenblende dahinter. Die Gestaltung ähnelt auffällig den Langhauswänden von Saint-Étinenne in Caen in der Normandie, zitiert regelrecht die über ein Jahrhundert ältere Kirche, die dem Baumeister des Osnabrücker Doms bekannt gewesen sein muss. Im westlichen Abschnitt bot ein schön ornamentiertes Stufenportal einst den Hauptzugang.

Ein Brand zerstörte 1254 teilweise den vor 1239 fertiggestellten Kirchenbau. Die Vierung mit ihrem achteckigen Turm im Schnittpunkt von Lang- und Querhaus und der Chor erhielten erst danach ihre endgültige Form. Mit den höher gezogenen Gewölben und ihrem Wandaufbau folgen sie dem zeitgleichen Dombau in Münster. Ältere Bausubstanz des 11. Jh.s ist noch in den Pfeilern der Vierung erhalten, ebenso in den Ostwänden der Querhausarme mit ihren frühromanischen Bögen, die einst den Durchgang zu Nebenapsiden und heute zum Chorumgang öffnen. Die großen gotischen Fenster in beiden Querhausarmen kamen erst im 15. Jh. hinzu. Damals erhielt der Chor auch seinen schlichten Umgang mit der 1476 vergrößerten Hieronymuskapelle, heute Marienkapelle, und der zwischen 1515 und 1520 errichteten Kreuzkapelle.

Der Kreuzgang enthält zwar Mauerwerk des 8. Jh.s, in seiner Form ist er aber deutlich jünger. Der Ostflügel mit den rundbogigen Dreierarkaden und dem Tonnengewölbe stammt aus dem späten 12. Jh. Die beiden übrigen Flügel wurden vermutlich im zweiten Viertel des 13. Jh.s erbaut und bewahrten dabei die alten Wände. Die Arkaden und die Gurtbögen zwischen den Gewölben zeigen hier bereits einen leichten Spitzbogen. Vom westlichen Kreuzgangflügel öffnet sich die kleine, vor 1318 erbaute Michaeliskapelle hin zum Domherrenfriedhof.

Der romanische und gotische Bauschmuck im Inneren fiel weitgehend der späten Barockisierung des Doms um die Mitte des 18. Jh.s zum Opfer. Verblieben sind originale Kapitelle nur am östlichen Portal zum Kreuzgang und in der nicht zugänglichen Sakristei. Im Westbau sind kleine Blendarkaden mit Kapitellen der Zeit um 1100 erhalten und in der Wand zum Nordwestturm das Portal, von dem eine Treppe zum Obergeschoss des

◀ Einzigartig und eigentümlich, der Westbau des Osnabrücker Doms

Westbaus und in den Turm führt. Die den Barock ablösende farbenreiche neoromanische Ausstattung des späten 19. Jh.s ging im Zweiten Weltkrieg verloren. Heute zeigt sich der im ersten Jahrzehnt unseres Jahrhunderts umfänglich restaurierte Dom in einer angenehmen Zurückhaltung und lässt die architektonische Raumwirkung entfalten. Der mittelalterliche Dom war jedoch farbig gestaltet, um 1400 zählte er 32 Altäre, an denen 50 Vikare zu verschiedensten Zeiten Messen hielten, Texttafeln aus Pergament oder Holz berichteten aus dem Leben der Bischöfe und von historischen Geschehnissen; bei Jahrmärkten wurden im Dom und Kreuzgang Marktstände aufgerichtet – er war kaum der stille Raum heutiger Zeit.

Ausstattung Trotz der zahllosen Umgestaltungen blieben noch hervorragende Kunstwerke erhalten. Schon beim Eintritt in den Dom beeindruckt das gewaltige vor 1200 geschaffene Triumphkreuz, sein Eichenholz wurde nach der Jahresringzählung im Jahr 1181 geschlagen. Mit 6,20 Meter Höhe und 4,18 Meter Breite, allein der Korpus misst 3,85 Meter, ist es das größte Triumphkreuz in Deutschland und eines der größten erhaltenen überhaupt. Seine romanische Herkunft ist an den zwei Nägeln zu erkennen, mit denen die Füße Christi nebeneinander ans Kreuz geschlagen sind. Bei den jüngeren gotischen Kreuzen wie in St. Marien (S. 35) sind die übereinandergelegten Füße mit einem Nagel durchschlagen. Im Raum vor dem Nordwestturm steht eine um 1225, vermutlich in Hildesheim gefertigte bronzene Tauffünte. Die Kapelle unter dem Südwestturm gegenüber wurde 1896/97 als Marienkapelle neu geschaffen. In einem neugotischen Schrein ruhen hier die Gebeine des seligen Rainers von Osnabrück, der um 1200 als Klausner in einem verschlossenen Raum am Domeingang lebte. Der Versuch von Bischof und Bürgermeister, ihn Ende des 15. Jh.s zum Heiligen für Stadt und Bistum zu erheben, scheiterte jedoch an der fehlenden päpstlichen Zustimmung. Die Apostelfiguren an den Langhauspfeilern standen ursprünglich im Chor. Geschaffen hat sie um 1525 der Münsteraner Bildhauer Evert von Roden, dessen erhaltenes Hauptwerk, der Hochaltar von St. Johann (S. 78), ebenfalls in Osnabrück zu sehen ist. Von ihm stammen zudem die Figuren des Margarethen-Altars in der Südostecke des Chorumgangs sowie die steinerne Rosenkranzmadonna an der Ostwand des südlichen Querhausarmes. Von der barocken Ausstattung ist im Langhaus noch die 1751/52 gestaltete Kanzel verblieben. Im Chor mit dem 1903 aufgestellten neoromanischen Hochaltar des Osnabrücker Bildhauers Heinrich Seling versteckt sich ein mit bloßem Auge kaum erkennbares Detail: Am Ansatz der

Über 1.200 Jahre alt sind die ältesten Mauern im Domkreuzgang

mittleren Gewölberippe an der Nordwand findet sich ein fein gestalteter Mönchskopf.

Den Zugang zum Chorumgang öffnen zwei nach 1858 hierher versetzte perspektivische Eisengitter von 1664. Bei ihrer ursprünglichen Aufstellung ersetzten sie den mittelalterlichen Lettner, der das Langhaus von der Vierung und damit den für Laien zugänglichen Teil des Domes von dem den Geistlichen vorbehaltenen trennte. In der Kreuzkapelle beeindruckt der vom Domdechanten Lambert von Snetlage gestiftete und 1517 geweihte Altar aus der Werkstatt des Meisters von Osnabrück. Der Stifter tritt mit seinem roten Birett deutlich aus dem Altarbild hervor und ließ so seine Position betonen. Daneben steht ein Sakramentshaus aus der Mitte des 15. Jh.s zur Aufbewahrung der Hostie für die Messe. Links der Kapelle hängt ein um 1760 geschaffener barocker Kalvarienberg und rechts zeigt ein Tafelbild der Jahre um 1515 eine dreifache Darstellung des betenden Christus im Garten Gethsemane. Seine Worte finden sich auf Spruchbändern in lateinischer und niederdeutscher Sprache. In der Marienkapelle, der heutigen Bischofsgrablege, steht der 1478 gestiftete Altar des Bäckeramtes – eine ungewöhnliche Kombination aus einem Tafelbild mit den Trauernden und einer plastischen Vespergruppe davor. Das eindrucksvolle Epitaph des Dompropstes Ferdinand von Kerssenbrock im südlichen Querhausarm entwarf 1757 Johann Conrad Schlaun nach dem Vorbild von Berninis Grabmal für Papst Alexander VII. Im Kreuzgang ist schließlich neben dem Zugang zum Diözesanmuseum das Epitaph der Eheleute Gerd und Kunneke Marschalk aus dem Jahr 1463 angebracht. Beide knien vor dem von Maria und Johannes dem Täufer begleiteten Christus als Weltenrichter; im Vordergrund ist die Auferstehung der Toten beim Jüngsten Gericht mit dem Portal zum Paradies und dem Höllenschlund dargestellt. Kinderlos stiftete das Ehepaar sein Vermögen für die Armen und den Gottesdienst, ihre Totenmesse ließen sie indes schon zu Lebzeiten feiern und nahmen sogar selbst daran teil.

Große Domsfreiheit • Tel.: 0541 3180 • www.dom-osnabrueck.de • Mo.–Fr. 6.30–19.45 Uhr, Sa. 7.30–19 Uhr, So. 7.30–20 Uhr • (außer im Chorbereich)

2 DOMSCHATZ S. 22

TOP-TIPP

Der Osnabrücker Domschatz zählt zu den bedeutendsten in Deutschland. Kaum eine große Mittelalterausstellung kommt ohne seine Stücke aus und trotz großer Verluste während des Dreißigjährigen Krieges zeugen die erhaltenen Stücke von der hohen Qualität Osnabrücker Goldschmiedekunst seit dem 13. Jh. Übrigens werden die Schreine, Kreuze und Kelche des Schatzes noch heute an hohen Festtagen in den Gottesdiensten genutzt.

Domhof 12 • Tel.: 0541 318481 • www.bistum-osnabrueck.de/kultur/dioezesanmuseum • Di.–So. 10–18 Uhr •

3 EHEMALIGES JESUITENKOLLEG UND GROSSE DOMSFREIHEIT S. 22

Der schönste Blick auf den Dom mit dem schlanken Nordwestturm und der schön gegliederten Langhausseite eröffnet sich von der Großen Domsfreiheit im Norden. Der rechteckige Platz, samstags Ort eines wunderschönen Wochenmarktes, war ehemals Teil der aus der städtischen Rechtshoheit herausgelösten Immunität des Doms. Hier und an der Kleinen Domsfreiheit südlich des Doms lagen die Höfe der Domherren und Häuser der zahllosen Geistlichen der Kathedralkirche.

Die Kleine Kirche nördlich vom Dom geht auf die Paulskapelle des mittelalterlichen Bischofshofes zurück. Dessen Verbindungsgang zum Dom ist noch an einer vermauerten Tür im Nordquerhaus zu erkennen. Die heutige Gestalt der Kleinen Kirche geht auf die Jesuiten zurück, die zwischen 1673 und 1703 hier ihr dreiflügeliges, Paulinum genanntes Kolleg errichten ließen. Die von 1685 bis 1688 erbaute dreischiffige Kirche nimmt den Südflügel ein, brannte 1944 allerdings vollständig aus. Die als Abguss an der Außenfront angebrachte Kreuzigungsgruppe, um 1520 von Evert von Roden geschaffen, entstammt dem in der Reformation aufgelösten Kloster

▶ Das Kapitelkreuz aus dem 11. Jh. und die Schreine Cispins und Crispinians

Am Ort des früheren Jesuitenkollegs stand im Mittelalter der Bischofspalast

der Augustiner-Eremiten. Die Tradition der alten Domschule lebt bis heute im Gymnasium Carolinum anstelle des Jesuitenkollegs fort. Angesichts einer, allerdings verfälschten, Urkunde Karls des Großen bezeichnet es sich wie das Münsteraner Paulinum als älteste Schule Deutschlands. Seit einigen Jahren wird der Ehrentitel in einem jährlichen Fußballspiel zwischen beiden Schulen ausgetragen.

An der Nordseite der Großen Domsfreiheit dient eine ehemalige Domherrenkurie, 1882 im Stil der Neorenaissance umgebaut, seit 1814 als bischöfliches Palais.

JUSTUS MÖSER

Justus Möser (1720–1794) zählte zu den großen geistigen Köpfen Deutschlands im 18. Jh. Aus einer Osnabrücker Bürgerfamilie stammend, studierte er Jura in Göttingen und Jena, wurde ab 1744 zunächst Sekretär der Osnabrücker Ritterschaft und schließlich deren Syndikus. Ab 1765 führte er faktisch die Regierungsgeschäfte im Hochstift Osnabrück, stellvertretend für den minderjährigen Friedrich von York. Die politischen Entfaltungsmöglichkeiten nutzte er für wirtschaftliche Reformen wie die Förderung der Leinenweberei. Daneben wirkte er vor allem als politischer Publizist, unter anderem als Kritiker Friedrichs II. von Preußen, und Schriftsteller. Seine Osnabrücker Geschichte gilt als ein früher Ansatz einer modernen Geschichtsschreibung, die auch wirtschaftliche und gesellschaftliche Aspekte berücksichtigt. In seinem Andenken verleiht die Stadt Osnabrück die Möser-Medaille für besondere Verdienste um Stadt und Land Osnabrück.

Zwischen 1643 und 1648 residierte hier mit großem Prunk der schwedische Gesandte Johann Oxenstierna. In seiner Residenz fand am 6. August 1648 der Osnabrücker Handschlag statt – der Verhandlungsdurchbruch, der zur Unterzeichnung der Westfälischen Friedensverträge am 24. Oktober 1648 in Münster führte. Inmitten des Platzes steht das 1836 vom Berliner Bildhauer Friedrich Drake erschaffene Bronzestandbild Justus Mösers, Zeitgenosse Goethes und von diesem geschätzt, Staatsmann und Publizist und einer der bedeutendsten Söhne der Stadt.

Große Domsfreiheit

4 BISCHÖFLICHE KANZLEI S. 22

Mit der Bischöflichen Kanzlei erhielt das Hochstift Osnabrück zwischen 1783 und 1785 erstmals einen zentralen Verwaltungsbau. Obgleich noch dem Barock verhaftet, gilt die Kanzlei als Anstoßgeber für die folgende Blüte des Osnabrücker Klassizismus. Die Planungen begannen bereits 1769 und brachten über 80 Entwürfe von einheimischen wie auswärtigen Baumeistern und Handwerkern hervor. Auf Vorschlag Justus Mösers sollte das Bauwerk zudem ein Denkmal für die friedvolle Minderjährigkeitsregierung Friedrichs von York werden. Der Sohn von König Georg III. von Großbritannien war 1764 mit gerade sechs Monaten zum Bischof gewählt worden, um das Hochstift Osnabrück möglichst lang in den Händen zu halten. Ausgeführt wurde schließlich ein zweigeschossiger Bau über erhöhtem Sockel mit hohem Walmdach. Die elfachsigen Längsseiten werden je von einem leicht her-

Die Bischöfliche Kanzlei mit Blick auf den Chor von St. Marien

vorragenden, dreiachsigen Mittelrisalit gegliedert, die Schmalseiten von einachsigen Risaliten betont. An der westlichen Hauptseite führt eine Freitreppe hinauf zum Eingangsportal. Die ursprünglich vorgesehene Putzfassade, bei der nur der Sockel und die gliedernden Elemente mit Werkstein hervorgehoben werden sollten, wurde durch eine vollständige Werksteinfassade ersetzt. Die war zwar zunächst teurer, der bauleitende Maurermeister argumentierte aber mit den höheren Folgekosten einer zu pflegenden Putzfassade. Neu war die steinsichtige Gestaltungsform, die typisch für den hiesigen Klassizismus werden sollte, in Osnabrück nicht, sie findet sich bereits am 1768 errichteten Rokokohaus des Bürgermeisters Berghoff (S. 58). Der Bauschmuck der Kanzlei ist zurückhaltend, neben dem englischen Königswappen im Giebel über dem Portal zieren nur die den Giebel bekrönenden Vasen und das schmiedeeiserne Treppengeländer von 1790 die Hauptschauseite. Als Friedrich von York 1783 sein Bischofsamt übernahm, war der Bau immerhin begonnen worden. Er hielt sich aber ohnehin kaum in Osnabrück auf, ehe er 1802 als letzter Fürstbischof resignierte.

Hasestraße 40 a

5 LÖWENPUDEL S. 22

Seit dem 13. Jh. wacht der Löwe auf seinem Sockel vor dem Dom an der Grenze zwischen Domsfreiheit und Bürgerstadt. Heute jedoch als Kopie, der verwitterte Vorgänger wird im Kulturgeschichtlichen Museum (S. 129) ausgestellt und sein

Der Löwe vor dem Dom war Symbol des Hohen Gerichts in Osnabrück

ursprüngliches Aussehen lässt sich in Details nur noch erahnen. So lehnt sich die jetzige Löwenmähne vielleicht auch an Braunschweiger Vorbilder an. Auf Heinrich den Löwen, der bis 1180 die Vogtei über Osnabrück besaß, verweist der Löwe aber kaum, vielmehr gilt er als die Verkörperung der hohen Gerichtsbarkeit. Tatsächlich tagte an diesem Ort das Osnabrücker Gogericht, das die Blutgerichtsbarkeit über Osnabrück und sein näheres Umland ausübte. Für die Stadt bis zu ihrer Landwehr lag die Gerichtshoheit jedoch spätestens seit dem ausgehenden 13. Jh. in den Händen des Rates. Der Gorichter lud die Angeklagten nur vor und verkündete das vom Rat gefällte Urteil. Der heutige Name Löwenpudel für das 1331 erstmals erwähnte Standbild ist wohl eine Verballhornung aus Vergessenheit seiner ursprünglichen Bedeutung.
Domhof

6 ST. MARIEN S. 22

Wer vom Dom kommend auf den Chor von St. Marien zutritt, glaubt eine Basilika mit hoch aufragendem Querhaus vor sich zu sehen. Jedoch trügt der erste Blick. Hinter dem basilikalen Umgangschor verbirgt sich eine der bedeutendsten und schönsten westfälischen Hallenkirchen des 14. Jh.s. Die im Jahr 1177 erstmals erwähnte und 1218 als Marktkirche bezeichnete Marienkirche war seit dem Mittelalter zugleich Ratskirche. Dort besuchte der Rat vor der jährlichen Wahl am 2. Januar den Gottesdienst und präsentierte sich im Ratsgestühl der Bürgerschaft. Die Burglocke im Kirchturm war Signalglocke für die ganze Stadt, wenn Feuer oder Aufruhr ausbrachen, ein Angriff drohte oder aber der neue Rat gewählt war. Ein wunderbarer Ausblick über die Stadt belohnt jeden, der die Treppen auf den Turm erklimmt.

Eine erste Kirche könnte hier schon im 9. Jh. bestanden haben, darauf deuten Gräber aus dieser Zeit. Der erste bekannte Bau ist eine kleine Saalkirche aus dem frühen 11. Jh. Weitere Neu- und Umbauten folgten im 12. und 13. Jh. in dichter Folge – ein Beleg für die fruchtbare Entwicklung der Stadt. Im 12. Jh. wurde der Kirchturm erbaut, der im heutigen noch bis in 12 Meter Höhe erhaltenen ist. Als dann der Kirchenrat von St. Marien im Jahr 1306 einen Opferstock für den Kirchenbau aufstellte, war die heutige gotische Hallenkirche bereits im Bau. In den folgenden Jahrzehnten wuchs das hoch aufragende Langhaus mit den drei gleichhohen Hallenschiffen empor. Spätestens in den 1340er-Jahren eingewölbt, gefällt das Langhaus mit seinen massiven und dennoch schlanken Pfeilern durch seine imposante Raumwirkung, die an sonnigen Tagen vom einfallenden Licht noch erhöht wird. In den Neubau eingebunden wurde der alte, im 13. Jh. aufgestockte Turm, sodass die Seitenschiffe ihn kapellenartig umschließen. Geplant war zunächst

auch ein gleichhoher Hallenchor. Nischen im Mauerwerk an den östlichen Langhauspfeilern offenbaren seit der letzten großen Renovierung umlaufende Kapitelle, die einen Weiterbau in gleicher Höhe des Langhauses erwarten ließen. Dazu kam es aber nicht mehr – vielleicht stoppte die erste große Pestwelle um 1350 die imposanten Pläne. Erst im 15. Jh. wurde der Bau wieder aufgenommen. In dem vermutlich um 1440 fertiggestellten Chor vereinigen sich die Formen von Hallenkirche und Basilika zur unverkennbaren Ostansicht der Marienkirche, die mit der achteckigen Grundform des Chores zudem an Zentralbauten wie die Aachener Marienkirche Karls des Großen erinnert.

Der stark verwitterte Außenbau wurde gegen Ende des 19. Jh.s nach älteren Vorlagen teilweise rekonstruiert, so die Strebepfeiler des Chores und das Brautportal. Das im frühen 14. Jh. geschaffene Portal zeigt im Tympanon eine Marienkrönung, im linken Gewände (zur Rechten Christi und Mariens) die Ecclesia als Verkörperung der christlichen Kirche mit den klugen Jungfrauen, die ausreichend Öl hatten, um den Bräutigam, sprich Christus, im Dunkeln zu erkennen. Im rechten Gewände dagegen die Synagoga mit verbundenen Augen und den törichten Jungfrauen, die das Öl vergessen hatten. In einer gegen ihren Glauben gewandten Sicht stehen hier die Juden als jene, die Christus nicht gesehen haben. Nicht viele Jahre nachdem das Portal fertiggestellt war, fiel die erste jüdische Gemeinde Osnabrücks im Jahr 1350 ihrer Vernichtung anheim.

Innen fallen bei einem Blick nach oben die Wappenscheiben unter den Schlusssteinen von Chor und Mittelschiff auf. Über dem Altar wacht das schwarze Rad des Osnabrücker Stadtwappens, im Langhaus folgt ein schwarzer Adler auf goldenem Grund. Auf den ersten Blick ein Reichsadler, die Farbgebung irritiert aber. Ursprünglich dürfte der Adler weiß auf rotem Grund gewesen sein – das Wappen der Grafen von Arnsberg, deren Spross Gottfried von Arnsberg zur Zeit der Einwölbung Bischof von Osnabrück war. Erst später, zwischen dem 16. und dem 19. Jh., wurde er, absichtlich oder nicht, in einen Reichsadler umgefärbt. Inmitten des Langhauses prangt das Lamm Gottes über der Gemeinde, die westliche Wappenscheibe wurde nach 1985 als Rosendekoration neu geschaffen, zuvor befand sich hier ebenfalls ein Rosenmotiv als Symbol Mariens.

Von der erhaltenen Ausstattung fallen zunächst das große gotische Triumphkreuz aus dem ausgehenden 13. oder frühen 14. Jh. sowie der Antwerpener Schnitzaltar aus der Zeit von 1515 ins Auge. Auf der Vorderseite der Altarplatte be-

◀ Eindrucksvoll ist das hohe Hallenlanghaus von St. Marien mit dem basilikalen Chor

findet sich eine Inschrift aus dem späten 13. Jh., in der Hermann und Elisabeth, vermutlich ein Ehepaar, als Stifter des damaligen Altars genannt werden. Am südwestlichen Pfeiler zwischen Langhaus und Chor hängt eine um 1520 in der Werkstatt des Meisters von Osnabrück geschaffene Madonna mit Kind, die einst als Doppelmadonna frei im Kirchenraum gehangen haben wird. In der Taufkapelle nördlich des Turms steht ein schönes Taufbecken im Stil der Renaissance, das der katholische Münsteraner Bildhauer Johann Brabender 1560 für die lutherische Marienkirche schuf. Dahinter hängt eine Kreuzigungsgruppe des 13. Jh.s, Christus am Kreuz umgeben von Maria und dem Apostel Johannes. Im Chorumgang ist der älteste Osnabrücker Grabstein, 1354 für den Priester Johann von Ascheberg angefertigt, zu sehen. Die Grabplatte Justus Mösers, dessen Geburtshaus gleich östlich von St. Marien liegt, steht aufrecht an der Südwand des Langhauses.

Markt • Tel.: 0541 28393 • www.marien-osnabrueck.de • Sommer: Mo.–So. 10–17 Uhr, Winter: Mo.–So. 10.30–12/14.30–16 Uhr • Turmbesteigung: So. 11.30–13 Uhr, Sonderöffnung während Maiwoche und Weihnachtsmarkt •

7 MARKT S. 22

Die grandiose Wirkung der Choransicht von St. Marien und der Marktplatz sind das Ergebnis von Abrissarbeiten im ausgehenden 15. Jh. Denn bis 1486 bestand anstelle des Platzes noch eine Marktstraße, deren Verlauf in der Pflasterung abzulesen ist. Von ihr zweigten Gassen ab, Marktbuden

Schon im 15. Jh. wurden die nach 1945 wiederaufgebauten Treppengiebel errichtet

umschlossen den Chor und den hier gelegenen Friedhof der Marienkirche. Dann wurden all die Bauten und das bestehende Rathaus abgerissen, um Platz für ein neues Rathaus zu schaffen. Östlich der Marienkirche wurde die Straßenfront sogar um bis zu 12 Meter nach Norden verschwenkt, um den Blick auf St. Marien freizustellen. Geschaffen war damit einer der ersten kommunal gestalteten Plätze im deutschsprachigen Gebiet. Er gab dem Rat Raum, seine Herrschaft mit dem Ensemble aus Rathaus und Marienkirche stellvertretend für und über die Bürger zu veranschaulichen. Zugleich demonstrierte der Rat seine Macht gegenüber dem Domkapitel im Dom, mit dem er um Einfluss im Hochstift rang.

Auf der Südseite des Marktplatzes bezaubert die Zeile spätgotischer Treppengiebelhäuser aus dem 15. Jh. Ihre einheitliche Wirkung ist schon auf Ansichten des 18. Jh.s als typisches Merkmal des Osnabrücker Marktes dokumentiert. Heute ist ihre Zahl größer als vor dem Zweiten Weltkrieg – beim Wiederaufbau stand der Zustand um 1900 Pate, zwischenzeitliche Eingriffe wurden übertüncht wie auch die Farbgebung dem 20. Jh. entstammt. Der klassizistische Bau der ehemaligen Löwenapotheke entstand 1819 und beherbergt heute das Erich Maria Remarque-Friedenszentrum (S. 130). Die westlich anschließende Stadtbibliothek, 1959 bis 1961 errichtet, steht als städtebaulich gelungenes Beispiel für den Wiederaufbau nach dem Zweiten Weltkrieg. In moderner Formensprache nahm sie die alten Raumstrukturen auf und bewahrt sie bis heute. Das Hauptgebäude an der Ecke von Markt und Krahnstraße folgt dem ehemaligen Wandhaus, in dem der wichtige Tuchhandel stattfand und bis 1621 der Rat gewählt wurde. Die hinter Glasvitrinen zurückgesetzten Läden entlang der Krahnstraße folgen den einst offenen Arkaden, in denen seit dem Mittelalter die Fleischer ihre Stände hatten. Der auf Säulen schwebende Trakt am Markt zeigt die alten Gebäudegrenzen. Unter ihm hindurch öffnet sich der Markt hin zum Platz des Westfälischen Friedens mit dem Bürgerbrunnen des Osnabrücker Bildhauers Hans Gerd Ruwe – ein anschauliches Wimmelbild der Stadtgeschichte.

Markt

8 ALTSTÄDTER RATHAUS S. 22

TOP-TIPP

Das Osnabrücker Rathaus, genau genommen jenes der Altstadt, beherrscht den als Vorplatz gestalteten Markt. Für den 1487 begonnenen Bau musste zuvor das an gleicher Stelle stehende Rathaus des 13. Jh.s abgerissen werden. Der folgende Neubau zog sich über ein Vierteljahrhundert bis 1512 hin und belastete den städtischen Haushalt stark. Im Zweiten Weltkrieg bis auf die Mauern zerstört, wurde es bis 1948 zum 300. Jahrestag des Westfälischen Friedens wiederhergestellt.

Der spätgotische Sandsteinbau im Übergang zur Renaissance erhebt sich mit zwei Geschossen fast schlossartig über dem ebenerdigen Kellersockel. Darüber erhebt sich ein steiles Dach von gleicher Höhe wie die drei Geschosse darunter. So hoch wie die Kirchenschiffe der Stadt war das Rathaus auf eine wirkungsvolle Fernsicht von jenseits der Stadtmauer angelegt. Im Zentrum der wie auf der Rückseite von drei Türmchen bekrönten Marktfassade steht das Portal zum erhöhten Erdgeschoss. Die neogotische Treppe des 19. Jh.s ersetzte die alte, schon eher abgebrochene Steintreppe. Über dem Portal prangt die 1880 nach dem Original neu gefertigte Statue Karls des Großen. Die übrigen Figuren wurden 1889/90 aufgestellt und zeigen vor allem mittelalterliche Herrscher, die zugunsten der Stadt gewirkt haben. Die Statuen des „Rotbartes“ Friedrich I. und des „Weißbartes“ Wilhelm I. links und rechts des Portals illustrieren in Anlehnung an die Kyffhäuserlegende die Wiedergeburt des Reiches durch den Preußenkaiser Wilhelm I. Ursprünglich befanden sich hier wohl die „Neun Guten Helden“, je drei Gestalten der Antike, des Alten Testamentes und des Mittelalters – unter ihnen Karl der Große. Das der Adelswelt entstammende Figurenensemble passte auch zur kaum anders gearteten Lebensweise der städtischen Geschlechter. Weitere Statuen befanden sich an der Süd- und der Westfassade. Darauf deuten große Quader im Mauerwerk anstelle der Konsolen und Baldachine. Im ebenerdig zugänglichen Keller waren zur Bierstraße hin Läden eingerichtet, vier Türen mit jeweils zwei Fenstern lassen sich dort im Mauerwerk erkennen.

Im Erdgeschoss liegt der große Ratssaal, der Friedenssaal. Über der Tür mahnt eine Inschrift jene, die eintreten, die öffentlichen Dinge über die privaten zu stellen – eine Mahnung an die Ratsherren, im Interesse der Kommune zu handeln. Sie nennt zudem das Jahr 1505 als Jahr der Vollendung des Rathausbaus, auch wenn sich die restlichen Arbeiten bis 1512 hinzogen. Die Richtschwerter links und rechts der Tür stehen für die Blutgerichtsbarkeit des Rates. Im Saal tagten während des Westfälischen Friedenskongresses von 1644 bis 1648 die in Osnabrück residierenden Vertreter der Reichsstände, der Fürsten- und Städterat. Entscheidende Verhandlungen fanden jedoch in den großen Gesandtschaftsresidenzen in Münster und Osnabrück statt. Zum Friedenssaal wurde der Ratssaal dank der bald nach dem Friedensschluss ebenso wie in Münster eingerichteten Galerie der Gesand-

► Archivschrank des Heiliggeist-Hospitals im Ratssaal

PRIVILEGIATA HOSPITALIS SANCTI SPIRITUS

Der Kaiserpokal des Osnabrücker Ratsschatzes zählt zu den bedeutenden Goldschmiedearbeiten des Spätmittelalters

ten. Als Ratssaal diente er weiterhin für die Beratungen des 60 bis 70 Köpfe zählenden Großen Rates. Von dieser Funktion zeugen das erhaltene Ratsgestühl von 1554 und die Türen der Archivschränke. Drei von ihnen sind mit detaillierten Schnitzereien hervorgehoben. Um 1515 entstanden in der Werkstatt des Meisters von Osnabrück die Schranktüren für die drei vom Rat verwalteten Hospitäler. Die Motive auf den Türen zeigen deren Patrone – Maria mit Christus für das Leprosenhaus St. Maria, die Taube für das Heiliggeist-Hospital sowie die Heiligen Antonius und Elisabeth für das einstige Twente-Hospital. Inmitten des Saales hängt der große als Krone bezeichnete Leuchter, wie er fast identisch im Münsteraner Ratssaal hängt. Mit dem durchbrochenen Metallreifen und den Kerzen verweist er auf die funkelnden Mauern des Himmlischen Jerusalems, der Idealstadt der biblischen Offenbarung. Das eingearbeitete Hirschgeweih steht für Christus, die Figuren darüber für die Stände der Stadt: Gilde (Handwerksämter), Wehr (Vertreter der Viertel), Weisheit (Alter Rat) und schließlich Maria als Patronin des Rates. Über den Gestirnen stehen an der Spitze Adam und Eva um den Baum der Erkenntnis. Wenn der Rat sich zur jährlichen Wahl unter dem Leuchter versammelte, ordnete er sich so der städtischen und himmlischen Ordnung unter. Über der Stadt und ihrem Rat Gott allein.

Im sehr massiv gebauten Archivraum ist hinter der schweren Eisentür der Ratsschatz zu bewundern. Sein Prunkstück ist der als Kaiser bezeichnete große Pokal der Zeit um 1300, aus dem die Ratsherren nach Vorbild des letzten Abendmahles gemeinsam Wein tranken. Die Herkunft des kunsthistorisch sehr bedeutenden Kelches ist unsicher, vermutet werden Paris, Köln oder Osnabrück. Das sehr anspruchsvolle Bildprogramm zeigt unter anderem den Kampf der Tugenden mit den Lastern, Herkules mit seinen Taten und andere antike Götter. Im Kelch sitzt die ursprünglich auf dem Deckel befindliche Königsfigur, die wohl David als idealen Herrscher zeigt. Ein Jahr nach Einführung der

Der große Ratssaal mit dem Leuchter und der Gesandtengalerie

Reformation wurde der Kelch 1544 der neuen Sicht angepasst: Karl der Große kam als Stadtgründer auf den Deckel und ein am Schaft angebrachter Reichsadler verweist auf die quasi reichsunmittelbare Stellung der Stadt.

Im Obergeschoss des Rathauses ist ein 1955–57 nach einem Vogelschauplan der 1630er-Jahre geschaffenes Stadtmodell aufgestellt. Eine neueres Modell Osnabrücks um 1640 ist zum Vergleich im Kulturgeschichtlichen Museum zu sehen (S. 129).

Markt 30 • Mo.–Fr. 8–20 Uhr, Sa. 9–16 Uhr, So. 10–16 Uhr •

9 STADTWAAGE S. 22

Seinen baulichen Abschluss erhielt der Marktplatz mit der 1532 fertiggestellten, schon ganz der Renaissance verhafteten Stadtwaage. Dort wo heute Osnabrückerinnen und Osnabrücker sich das Jawort geben, befand sich die Waage, auf der bestimmte Waren des Markthandels gegen Gebühr gewogen werden mussten. Auch die Waagen der Händler, die selber auswiegen durften, wurden hier geeicht. Zugleich diente der große Bau mit seinen Dachgeschossen als städtisches Lagerhaus. Im Giebel ist ein Relief des von wilden Männern gehaltenen Stadtwappens zu sehen. Daneben hing im 16. und 17. Jh. mahnend ein Kupferkessel, in dem der Rat Falschmünzer in siedendem Öl hinrichten ließ.

Markt 28

DIE NÖRDLICHE ALTSTADT

Prächtige Bürgerhäuser und Steinwerke zeugen von der stolzen Osnabrücker Geschichte. Von der einstigen Wehrhaftigkeit der Stadt künden noch die zahlreichen Befestigungswerke, die zu einem Spaziergang rund um die Altstadt einladen. An ihrem Rande liegt das Felix-Nussbaum-Haus als Highlight moderner Baukunst und bedeutender Erinnerungsort jüdischer Geschichte. In der Dominikanerkirche treffen Mittelalter und moderne Kunst spannungsvoll aufeinander. Und die Krahnstraße ist sicher die schönste Einkaufsstraße Osnabrücks zwischen Mittelalter und moderner Lebensart.

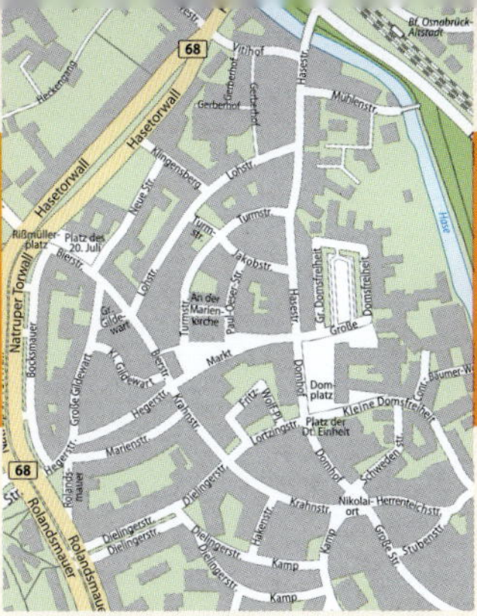

siehe große Karte S. 46/47

SEHENSWERTES

Bucksturm In dem mächtigen Turm saßen Grafen und angebliche Hexen gefangen. S. 51 4

Krahnstraße Ein der schönsten Osnabrücker Straßenzeilen mit Häusern aus vier Jahrhunderten. S. 59 14

Steinwerk Bierstraße Um 1200 entstand das älteste Profangebäude der Stadt und entführt weit zurück ins Mittelalter. S. 64 18

GASTRONOMIE

Steakmeisterei Wer gutes Fleisch liebt, ist hier richtig. S. 115 36

Ferdinands Kaffeerösterei Etwas abgelegen, dafür in einem schönen Haus des 17. Jh.s und mit selbst gebackenem Kuchen. S. 117 59

EINKAUFEN

Altstädter Bücherstuben Eine liebevolle gestaltete und gut sortierte Buchhandlung. S. 121 2

Shock Records & Coffee Im Angebot sind noch echte Vinylscheiben und dazu gibt es ein Café. S. 122 17

ÜBERNACHTUNG

Steigenberger Hotel Remarque Osnabrücks führendes Hotel am Rande des Zentrums. S. 125 3

KULTUR UND FREIZEIT

Kulturgeschichtliches Museum Das Haus der Stadtgeschichte vom Mittelalter bis zur jüngsten Geschichte. S. 129 1

Felix-Nussbaum-Haus Faszinierende moderne Architektur umhüllt das ergreifende und beklemmende Werk des Malers. S. 129 2

Kunsthalle Osnabrück Moderne Kunst trifft wirkungsvoll auf den Raum der alten Dominikanerkirche. S. 130 7

Das Steinwerk Bierstraße

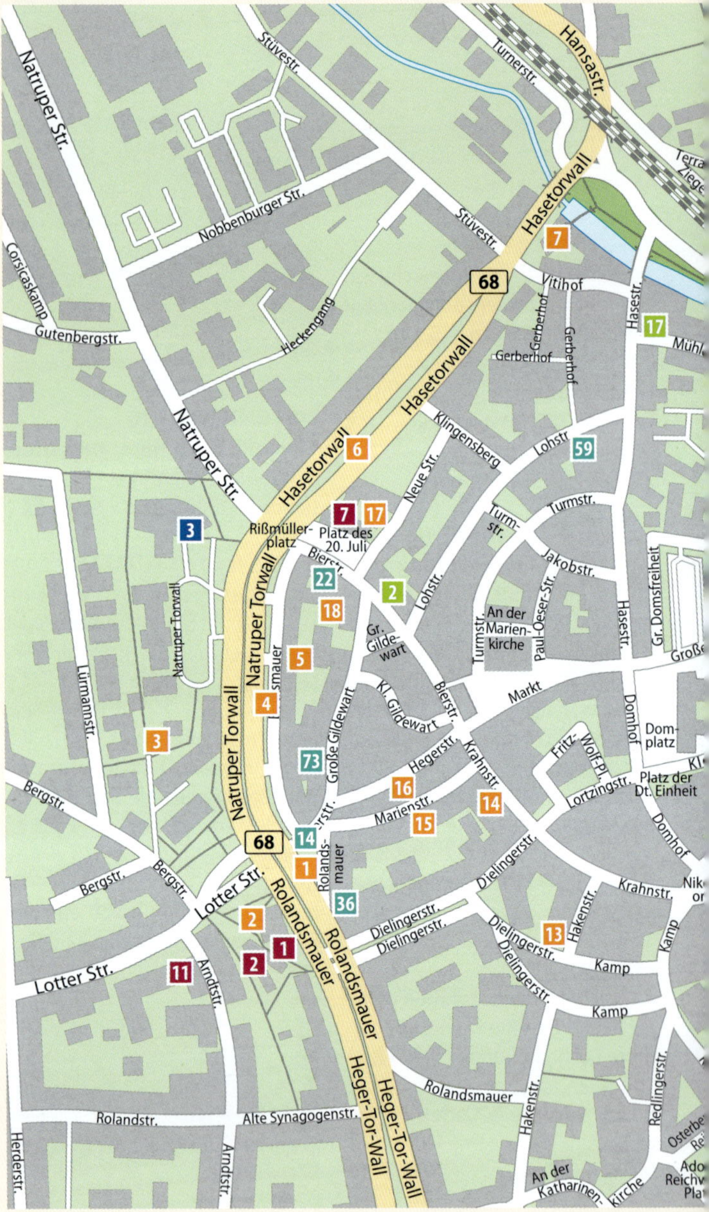
Natruper Str.
Stüvestr.
Turnerstr.
Hansastr.
Hasetorwall
Nobbenburger Str.
Corsicaskamp
Gutenbergstr.
Heckengang
68
Vitihof
Gerberhof
Hasestr.
Mühl
Klingensberg
Lohstr.
Neue Str.
Turmstr.
Turm-str.
Rißmüller-platz
Platz des 20. Juli
Bierstr.
Jakobstr.
Natruper Torwall
Lürmannstr.
Gr. Gildewart
Lohstr.
An der Marienkirche
Paul-Oeser-Str.
Gr. Domsfreiheit
Große
Markt
Kl. Gildewart
Große Gildewart
Domhof
Domplatz
Hegerstr.
Krahnstr.
Fritz-Wolf-Pl.
Lortzingstr.
Platz der Dt. Einheit
Bergstr.
Marienstr.
Dielingerstr.
Lotter Str.
Rolandsmauer
Rolands-mauer
Krahnstr.
Hakenstr.
Kamp
Arndtstr.
Heger-Tor-Wall
Rolandstr.
Alte Synagogenstr.
Redlingerstr.
Herderstr.
An der Katharinen-Kirche
3
7
17
6
59
22
2
18
5
4
73
16
14
15
1
36
13
11

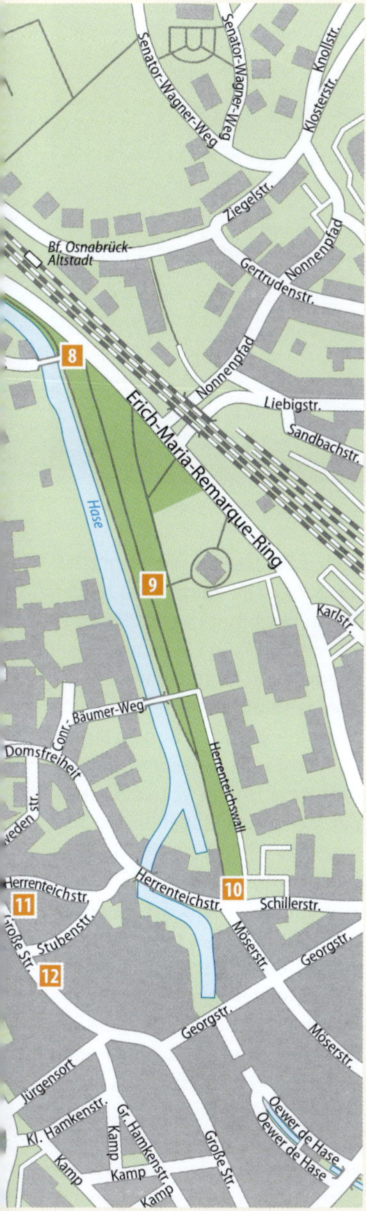

SEHENSWERTES

- 1 Heger Tor S. 48
- 2 Felix-Nussbaum-Haus S. 49
- 3 Hohe Mauer und Krankenhäuser S. 50
- 4 Bucksturm S. 51
- 5 Armenhäuser an der Bocksmauer S. 53
- 6 Bürgergehorsam S. 53
- 7 Barenturm und Vitischanze S. 54
- 8 Pernickelturm S. 54
- 9 Herrenteichswall und Hellingsmauer S. 57
- 10 Haarmannsbrunnen S. 57
- 11 Hirschapotheke S. 58
- 12 Rokoko-Häuser in der Großen Straße S. 58
- 13 Hof von Diepenbrock zu Mark S. 59
- 14 Krahnstraße S. 59
- 15 Marienstraße S. 61
- 16 Hegerstraße S. 62
- 17 Dominikanerkloster S. 63
- 18 Steinwerk Bierstraße S. 64

GASTRONOMIE

- 14 Almani S. 114
- 22 Il Capriccio S. 114
- 36 Steakmeisterei S. 115
- 59 Ferdinands Kaffeerösterei S. 117
- 73 Grüne Gans S. 118

EINKAUFEN

- 2 Altstädter Bücherstuben S. 121
- 17 Shock Records & Coffee S. 122

ÜBERNACHTUNG

- 3 Steigenberger Hotel Remarque S. 125

KULTUR UND FREIZEIT

- 1 Kulturgeschichtliches Museum S. 129
- 2 Felix-Nussbaum-Haus S. 129
- 7 Kunsthalle Osnabrück S. 130
- 11 Emma-Theater S. 131

Das Heger oder Waterloo-Tor erinnert an den Sieg über Napoleon

1 HEGER TOR S. 46

Schon um 1200 umschloss die Osnabrücker Altstadt eine Stadtmauer mit ursprünglich sieben Toren. Über die Jahrhunderte wurden die Befestigungsanlagen immer weiter ausgebaut und neuen Kriegstechniken angepasst. Trotz des im 19. Jh. begonnenen Abbruchs ist noch erstaunlich viel erhalten. Ein Rundgang beginnt am besten am Heger Tor, das 1817 durch einen Triumphbogen für die Osnabrücker Teilnehmer der Schlacht bei Waterloo ersetzt wurde. Über dem Torbogen nennt eine Inschrift den Stifter, den Doktor der Rechte Gerhard Friedrich von Gülich, und die zu ehrenden Osnabrückischen Krieger. Umrahmt von je zwei ionischen Säulen öffnet der Triumphbogen, auch Waterloo-Tor genannt, den Eingang zum malerischen Viertel um die Hegerstraße (S. 62). Die Rampen zu beiden Seiten vermitteln einen Eindruck von der Höhe und Mächtigkeit der ehemaligen Festungswälle. Die alte, 1815 abgebrochene Toranlage erstreckte sich schon im ausgehenden 13. Jh. mit einem äußeren Tor bis zur Hohen Mauer. Reste einer steinernen Bogenbrücke und eines Ravelins – ein spitzwinkliges barockes Festungswerk – aus der zweiten Hälfte des 17. Jh.s wurden 1996 beim Bau des Felix-Nussbaum-Hauses wiederentdeckt und sind unter der Eingangsbrücke des Museums zu sehen. Dort, an der Ecke von Lotter Straße und Heger-Tor-Wall, steht zudem das letzte erhaltene Akzisehaus. Nach dem Abbruch des Tores waren in dem klassizistischen Gebäude, wie vor allen Toren, die Akzisen genann-

Wirkmächtige Architektur schuf Daniel Liebeskind mit dem Felix-Nussbaum-Haus

ten Steuern auf mitgeführte Handelswaren zu bezahlen.

Heger Tor/Lotter Straße 1

2 FELIX-NUSSBAUM-HAUS S. 46

TOP-TIPP

Es ist mehr als nur ein Museum. Als erster tatsächlich auch gebauter Entwurf des Stararchitekten Daniel Liebeskind ist das 1998 eröffnete Felix-Nussbaum-Haus ebenso eine Bauskulptur im Versuch, Werk und Schicksal des 1944 in Auschwitz ermordeten jüdischen Malers Felix Nussbaum in die Architektursprache einfließen zu lassen. Kaum ein rechter Winkel oder ebener Boden, wird dem Besucher die Orientierung genommen, er muss sich auf die Raumführung und so auf die ausgestellten Werke einlassen, ohne zu überblicken, was ihn noch erwartet; durchbrochene Fußböden reißen bildlich den Boden unter den Füßen fort. Die beiden Hauptbaukörper, in Beton und Holz gekleidet, nehmen in ihrer Ausrichtung Bezug auf Orte jüdischen Lebens und ihrer Verfolgung: die 1938 in der Pogromnacht zerstörte Synagoge in der heutigen Alte-Synagoge-Straße unweit des Museums und die Villa Schlicker als Parteizentrale der NSDAP in Osnabrück. Ein Besuch lohnt so ob der Architektur wie der umfangreich ausgestellten Sammlung der Werke Nussbaums, von denen viele längst zu Mahnbildern der Verfolgung und des Holocausts geworden sind.

Lotter Straße 2 • Tel.: 0541 3232237 • www.osnabrueck.de/fnh • Di.–Fr. 11–18 Uhr, jeden 1. Do. 11–20 Uhr, Sa./So. 10–18 Uhr •

Heute steht Stüve vor dem nach ihm benannten Haus der Volkshochschule

3 HOHE MAUER UND KRANKENHÄUSER S. 46

Nur wenige Schritte vom Heger Tor zum Westerberg hinauf stehen noch größere Reste der nach 1280 erbauten äußeren Stadtmauer. Das Recht zu ihrem Bau hatte König Rudolf von Habsburg der Stadt in jenem Jahr gewährt. Im nördlichen Abschnitt ist die ursprüngliche Konstruktion mit Stützpfeilern und Blendbögen zu erkennen, auf denen der Wehrgang verlief. Zur Verstär-

JOHANN CARL BERTRAM STÜVE

Johann Carl Bertram Stüve (1798–1872) betrieb ab 1831 die Bauernbefreiung und war einer der Väter der ersten Hannoverschen Verfassung. Als König Ernst August I. sie 1837 aufhob, kehrte Stüve als Bürgermeister zurück und durfte die Stadt nur mit Erlaubnis verlassen. Gemeinsam mit seinen Osnabrücker Anhängern galt er als regelrechter Staatsfeind. Einmal noch ging er 1848 als Innenminister in die Märzregierung nach Hannover, um wiederum Reformen durchzusetzen. Enttäuscht kam er 1850 endgültig nach Osnabrück heim und wirkte ab 1852 noch einmal zehn Jahre als konservativ modernisierender Bürgermeister. Sein Ideal war mehr die von Eliten geführte „Republik“ der alten Städte, wie sie in seiner frühen Kindheit noch in Osnabrück bestand, weniger die demokratischen Ziele von 1848. In Osnabrück begründet er den Historischen Verein und schuf wichtige Arbeiten zur Stadtgeschichte, die noch heute in der Forschung zitiert werden.

kung dienten wenigstens zwei in Resten erhaltene Wehrtürme. Der nördliche wurde im frühen 19. Jh. zu einem Gartenhaus umgebaut und dient heute als Studentenwohnung. Wer von hier den Weg zur Altstadt hinabsteigt, kann auf der rechten Seite noch einen Rest des ehemaligen barocken Ravelins vor dem Natruper Tor im Gebüsch entdecken.

Im Schutz der Mauer stiftete 1339 der Bürgermeister Johann Twent ein Hospital vor dem Heger Tor. An gleicher Stelle entstand nach einer schweren Cholera-Epidemie ab 1862 das erste Stadtkrankenhaus im typischen Rundbogenstil der Zeit. Heute ist das Haus als Sitz der Volkshochschule nach dem damaligen Bürgermeister Stüve benannt, dessen 1882 geschaffenes Denkmal vom Markt hierherversetzt wurde. Nur wenige Schritte weiter nördlich steht das zweite, 1929 errichtete Stadtkrankenhaus. Der Backsteinbau im Stil der Neuen Sachlichkeit war Osnabrücks erstes Hochhaus.

Bergstraße 8/Hohe Mauer/Natruper-Tor-Wall 2

4 BUCKSTURM S. 46

Beeindruckend wirkt der um 1200 oder bald darauf errichtete Bucksturm. Bis 1805 maß er noch 28 Meter, zehn mehr als heute, und war von einer Steinkuppel bekrönt. Zur geraden Stadtseite hin waren die Obergeschosse ursprünglich offen, wie sich an den vermauerten Rundbögen ablesen lässt. Der Zugang erfolgte von der Stadtmauer, deren Ansätze auf beiden Seiten zu sehen sind. Zum Westerberg weisen in den bei-

Als Gefängnis für hohe Adlige dokumentierte der Johanniskasten die städtische Macht

den unteren Geschossen je zwei schmale für Bögen und Armbrüste ausgelegte Schießscharten, im Geschoss darüber drei dazu versetzte. Neben der Verteidigung diente der Bucksturm als Gefängnis der Stadt. Um 1305 saß hier der Edelherr Simon zur Lippe in Haft. Für ihn wurde der Johanniskasten im zweiten Stockwerk gefertigt, der seinen Namen nach dem bekanntesten Gefangenen, dem Grafen Johann von Hoya, erhielt. Zwischen 1441 und 1447 war der Graf Gefangener der Stadt, die deswegen sogar der Reichsacht verfiel. Die Haft zeugt übrigens nicht von besonderer Grausamkeit, vielmehr war es ein typisches Adelsgefängnis. Im Holzkasten war es deutlich wärmer und weniger feucht als im offenen und zugigen Steinturm. Johann von Hoya schrieb von hier Briefe und empfing Besuch, er bestellte Lebensmittel und schließlich bat er einen seiner Getreuen, Sägen, Feilen und Brecheisen in zwei friesischen Käsen verborgen in den Kasten zu schmuggeln, auf dass er sich befreien könne. Der Brief wurde jedoch vom Rat abgefangen. Tatsächlich grausam war jedoch die Folter, der im ausgehenden 16. und 17. Jh. zahllose der Hexerei beschuldigte Frauen im Bucksturm unterzogen wurden. An der Westseite befindet sich seit 1922 ein Denkmal für die Gefallenen des Osnabrücker Infanterieregimentes 78, dem auch Erich Maria Remarque angehört hatte. Heute befindet sich im Inneren eine Ausstellung zum Wehrwesen der Stadt und zu den Hintergründen der Hexenverfolgung in Osnabrück.

Bocksmauer • So. 11–17 Uhr • Führungen So. 12/15 Uhr

HEXENWAHN

Schon 1490 brannte die erste Hexe in Osnabrück auf dem Scheiterhaufen. Nachdem erst sechs Jahre zuvor Papst Innozenz VIII. mit der Hexenbulle die Verfolgung der Hexerei erlaubt hatte und 1486 der Hexenhammer als schriftliche Anleitung dazu veröffentlicht worden war, stand Osnabrück somit an der Spitze des aufkeimenden Hexenwahns.
Osnabrück war aber wohl nicht nur die erste westfälische Stadt, in der die Hexenverfolgungen entbrannten, es war wohl auch die Stadt mit den meisten Opfern in Westfalen. Allein im Frühjahr und Sommer 1583 kam es innerhalb von weniger als fünf Monaten zu 121 Hinrichtungen unter der Führung des protestantischen Bürgermeisters Rudolf Hammacher.
Gegen die letzte Verfolgungswelle zwischen 1636 und 1639 unter Bürgermeister Dr. Wilhelm Peltzer predigten 1639 schließlich die Pfarrer der Marienkirche. Insgesamt kamen in den anderthalb Jahrhunderten zwischen 1490 und 1639 wenigstens 257 Frauen und vier Männer zu Tode. Bis auf den ersten Fall wurden alle bekannten Opfer von protestantischen Bürgermeistern gerichtet.

Heute wirken die Armenhäuser malerisch, früher lagen sie im Schatten der Mauer

5 ARMENHÄUSER AN DER BOCKSMAUER S. 46

Direkt hinter dem Bucksturm und der ehemaligen Stadtmauer erstreckt sich eine heute gelb verputzte Häuserzeile aus dem 16. Jh. Darauf, dass die Gebäude als Armenhäuser dienten, verweist eine verwitterte Inschrift auf der Hofseite zum „Haus der Jugend" mit der Jahreszahl 1579. Von dort ist auch zu erkennen, dass sich hinter der Häuserzeile drei Baukörper verbergen, von denen der mittlere auf der Ostseite in Fachwerk aufgerichtet ist. Ein Relief mit Ochsenkopf, Beilen und einer Hausmarke an dessen Fassade zur Bocksmauer lässt für diesen Teil vielleicht ein Mitglied des Knochenhaueramtes, der Schlachter, als Stifter vermuten. In ihrer massiven, zweigeschossigen Bauweise boten die Buden einen durchaus passablen Wohnraum, die Westseite stand allerdings im Schatten der Stadtmauer. Ab 1620 gehörte die Budenreihe zu einem städtischen Armenhaus.

Bocksmauer 11–18

6 BÜRGERGEHORSAM S. 46

Der jüngste Befestigungsturm der Altstadt entstand zwischen 1517 und 1519. Mit seinen zunächst drei Geschossen und zwei bis drei Meter mächtigen Mauern war er ganz auf die Nutzung als Geschützturm zwischen dem Bucksturm und dem einige Jahrzehnte älteren Barenturm ausgelegt. Das Erd- und erste Obergeschoss sind von großen Steinkuppelgewölben gedeckt, das Dachgewölbe wurde schon 1542 wieder abgenommen, die Mauer aufgestockt und über den Zinnen ein steiles Bleidach aufgesetzt. Abgesehen von der Ziegeldeckung des 19. Jh.s erfuhr der Turm seitdem keinerlei Veränderungen mehr und ist so ein eindrucksvolles Relikt der Verteidigungstechnik des frühen 16. Jh.s. Seinen Namen verdankt er seiner Verwendung als weiteres städtisches Gefängnis.

Hasetorwall • Besichtigung in Rahmen von Führungen

7 BARENTURM UND VITISCHANZE S. 46

An der Nordspitze war Osnabrück am verwundbarsten. Hier rückt der Gertrudenberg dicht an die Stadt heran und flossen Hase und der westliche Befestigungsgraben zusammen. Wer hier das Stauwehr zerstörte, öffnete den Weg zur inneren Stadtmauer, und vom Berg aus war die Stadt leicht zu beschießen. Anstelle eines einfachen Stadttores, der Lügenpforte, ließ der Rat deshalb ab 1471 zunächst den fünfgeschossigen Barenturm am ehemaligen Stadthof der Familie von Bar errichten. In Anspielung auf deren Namen wurde im Tiergarten unterhalb des Turmes in den 1480er-Jahren ein Bär gehalten. In den beiden unteren Geschossen dürften sich Reste einer Vorgängeranlage verbergen, da dort anders als in den oberen keine Schießscharten für Kanonen vorhanden sind. In den 1560er-Jahren begann der Bau des großen, heute nur noch in Teilen erhaltenen Viti-Rondells, das in Kasematten und hinter schützenden Mauern weitere Geschützstellungen bot. Verbunden wurden beide Anlagen mit der 1564 erbauten Hohen Brücke als gedecktem Schützengang über der Hase. Von hier konnte das Stauwehr mit Handfeuerwaffen beschossen und gegen Angreifer verteidigt werden. Der große mittlere Bogen ersetzte nach 1798 zwei kleinere, nachdem ein Bogen eingestürzt war, zugleich wurde der Gang zu einer wirklichen Brücke verbreitert. Ein weiterer Ausbau erfolgte unter der schwedischen Besatzung 1635 mit der dreigeschossigen Vitischanze hinter dem Barenturm, deren Kasematten aber heute weitgehend verschüttet sind.

Hasetorwall/Erich-Maria-Remarque-Ring • Besichtigung in Rahmen von Führungen

8 PERNICKELTURM S. 46

Der im Vergleich zu den übrigen Türmen eher kleine und zudem quadratische Pernickelturm schützte das Wehr der bis 1891 mitten im Fluss gelegenen bischöflichen Mühle. Zugleich befand sich mit der Honpforte hier ein kleineres im 16. Jh. geschlossenes Stadttor. Der dreigeschossige, 1432 erstmals erwähnte Turm könnte angesichts seiner Ähnlichkeit mit dem Plümersturm in der

► Ein mächtiger Geschützturm und zugleich Gefängnis war der Bürgergehorsam aus dem 16. Jh.

Neustadt (S. 76) im späten 13. oder im 14. Jh. errichtet worden sein. Im 19. Jh. wurde der Pernickelturm zu Wohnzwecken umgebaut und mit einem Anbau erweitert.

Erich-Maria-Remarque-Ring

9 HERRENTEICHSWALL UND HELLINGSMAUER

S. 46

Angesichts moderner Belagerungstechnik begann in der ersten Hälfte des 16. Jh.s der massive Ausbau der Stadtmauer hin zu Festungswällen. Zumeist wählte der Rat dafür die kostengünstigere Möglichkeit, die alte Befestigung mit neu vorgesetzten Mauern und einer Sand- und Schuttfüllung zu Wällen zu erweitern. Schutt war nach dem großen Stadtbrand von 1530 ohnehin reichlich vorhanden. Allein von der Vitischanze bis zum Herrenteichstor begann um die Mitte des 16. Jh.s der Bau eines komplett neuen, der alten Stadtmauer und der Hase vorgelagerten Festungswalls. Der nördliche Teil bis zum Pernickelturm fiel in den 1850er-Jahren dem Eisenbahn- und Straßenbau zum Opfer, erhalten blieb dafür der zur Promenade umgewandelte Herrenteichswall. Hier wurde der ehemals sieben Meter hohe Wall um mehr als zwei Meter reduziert und mit einer Lindenallee bepflanzt. In seinem Inneren befindet sich ein aus Bruchsteinen gemauerter, allerdings nicht zugänglicher Gang. Jenseits der Hase sind vom Herrenteichswall aus in den Domgärten noch gut die Reste der Hellingsmauer mit zwei halbrunden Türmen zu erkennen. Der nördliche Turm wurde im ausgehenden 18. und im 19. Jh. stark überformt. Damals entstanden die neugotischen Fenster und die bekrönenden Zinnen, ebenso ein Kreuzrippengewölbe im Obergeschoss. Der südliche Hellingsturm erhielt im Zweiten Weltkrieg als Schutzraum eine Betonkappe.

Herrenteichswall

◀ Barenturm und Vitischanze schützten die Stadt unterhalb des Gertrudenbergs

10 HAARMANNSBRUNNEN

S. 46

Der Herrenteichswall wäre gänzlich verschwunden, hätte sich nicht August Haarmann als Direktor des Georgs-Marien-Bergwerks- und Hüttenvereins für seinen Erhalt eingesetzt und den nach ihm benannten Brunnen am südlichen Ende des Walles gestiftet. Die am 1. Mai 1909 eingeweihte Brunnenanlage von Adolf Graef, einem Schüler Rodins, gilt als eines der ältesten Arbeiterdenkmäler Deutschlands und erinnert mit der bronzenen Bergmannsskulptur an die jahrhundertealte Bergwerkstradition im Piesberg. Von dort stammt auch der verwendete Stein; ein oft vermuteter Zusammenhang zum Piesberger Grubenunglück von 1893 besteht jedoch nicht.

Herrenteichswall/Schillerstraße

Die Hirschapotheke am Nikolaiort gilt als Höhepunkt des Osnabrücker Klassizismus

11 HIRSCHAPOTHEKE S. 46

Eindrucksvoll beherrscht die 1797/98 erbaute Hirschapotheke, Glanzpunkt des Osnabrücker Klassizismus, den Nikolaiort. Nach den Plänen des Osnabrücker Baumeisters Georg Heinrich Hollenberg entstand auf den Fundamenten zweier zuvor abgerissener Häuser ein großer Bau mit sieben Achsen und drei Geschossen. Das Obergeschoss erscheint in der Fassade als Halbgeschoss (Mezzanin), ist im Inneren aber in voller Höhe ausgeführt. Die Fassade wird von einem leicht hervortretenden, dreiachsigen Mittelrisaliten betont. Die vier säulenartigen Pilaster verleihen ihm mit dem Giebelfeld darüber den Eindruck eines tempelartigen Portikus. Über dem mittleren Obergeschossfenster illustriert ein Flachrelief mit drei Putten, die sich mit Mineralien, Tieren und Pflanzen beschäftigen, die Pharmazie als Arbeitsfeld des Auftraggebers. Unterhalb des Fensters der namengebende kupferne Hirsch, der um die Mitte des 19. Jh.s nach einem hölzernen Vorgänger angefertigt wurde. Der Arkadengang zur Herrenteichstraße wurde 1907 als Fußgängerweg durchgebrochen.

Große Straße 46/47

12 ROKOKO-HÄUSER IN DER GROSSEN STRASSE S. 46

Inmitten der eher modernen Einkaufsmeile erinnern noch zwei Häuser des 18. Jh.s an die frühere Pracht der Kaufmannshäuser in der Großen Straße. Bereits 1768 ließ der Bürgermeister Berghoff sein breit gelagertes Haus von sieben Achsen im Rokokostil auf zwei Grundstücken erbauen (Große Straße 43). Die massive steinsichtige Sandsteinfassade ist übrigens ein Beleg, dass diese Form nicht erst mit der Bischöflichen Kanzlei (S. 33) in Osnabrück aufkam, sondern schon auf örtliche Vorbilder zurückgegriffen werden konnte. Einen günstigeren Weg beschritt um 1790 der Bäcker Gösling, indem er nicht ein vollständig neues Haus errichten ließ, sondern dem bestehenden eine neue, dem Zeitgeschmack entsprechende Rokokofassade vorblendete (Große Straße 62). Abzulesen ist dies am vergleichsweise hohen, die alte Diele berücksichtigenden Erdgeschoss.

Große Straße 43 und 62

13 HOF VON DIEPENBROCK ZU MARK S. 46

Die Hakenstraße war noch bis in das 20. Jh. gesäumt von den Höfen ritterlicher und reicher bürgerlicher Familien. Verblieben ist davon nur der Hof von Diepenbrock zu Mark, der im 18. Jh. als Posthalterei diente. Der massive Bau des 16. Jh.s zeigt zur Straße einen schlichten, durch Gurtgesimse gegliederten Renaissancegiebel, der nur im oberen Bereich von Voluten und Rosetten geziert und von einer Mittelfiale bekrönt wird. Nach Süden schloss sich ein ummauerter Hofbereich mit weiteren Nebengebäuden an. Die Hofanlage geht auf die Familie von Horne zurück, die mit Dietrich von Horne im 14. Jh. einen bedeutenden Osnabrücker Bischof und im 15. Jh. zwei Ratsherren und Bürgermeister stellte, zugleich aber Knappen der Grafen von Tecklenburg blieben. Im 16. Jh. kam der Hof als Erbschaft an die ritterliche Familie von Diepenbrock, im 17. Jh. wurde er wieder von einem Bürgermeister bewohnt. Heute dient das verbliebene Haupthaus als Gasthof „Alte Posthalterei".

Hakenstraße 4 • Informationen zu Gastronomie S. 113

14 KRAHNSTRASSE S. 46

ENTDECKER-TIPP

Auf wenigen Schritten eröffnet sich entlang der Krahnstraße ein Einblick in die Baugeschichte der Osnabrücker Häuser zwischen dem 16. und dem frühen 19. Jh. Typisch für das 16 Jh. ist das 1533 errichtete, heute vom „Café Läer" (S. 116) genutzte Eckhaus Krahnstraße 4. Zwischen massiven Brandmauern wird das Erdgeschoss von der hohen und großen Diele eingenommen, einem vielseitig für Handel und Handwerk nutzbaren Raum. Nach hinten schließt sich das mehrgeschossige Steinwerk mit abgeschiedenen Wohn- und Lagerräumen an. Zur Straße hin zeigt der Fachwerkgiebel ein weiteres Geschoss zwischen den Brandmauern oberhalb der Diele und mehrere Lagerböden im Dach. Dass ein spanischer Gesandter während des Friedens-

Die Krahnstraße lädt mit stolzen Bürgerhäusern und schönen Läden zum Schlendern ein

kongresses von 1644 bis 1648 in den Räumen des Hauses residierte, ist freilich nur eine schöne Legende – tatsächlich hielt er sich in Münster auf. Vergleichbar, aber noch größer und prächtiger ist das Haus Willmann (Krahnstraße 7) von 1587, dessen reich verzierter Giebel von der Weserrenaissance beeinflusst ist. In seiner Pracht ist er eine Erinnerung an die zahlreichen prunkvollen Fachwerkgiebel, die fast sämtlich im Bombenkrieg untergingen. Beide Häuser sind genau genommen Steinhäuser mit Fachwerkgiebeln, wie sie in Osnabrück im 16. und 17. Jh. in großer Zahl vertreten waren. Zu den wenigen erhaltenen barocken Wohnhäusern gehört das Haus Krahnstraße 6 mit einem Volutengiebel über drei Hauptgeschossen, der vermutlich aber einem älteren Haus vorgeblendet wurde.

Noch prätentiöser als die Fachwerkgiebel zeigen sich die klassizistischen Häuser Tenge (Krahnstraße 1–2, heute Restaurant „la vie", S. 115) und Schwartze (Krahnstraße 9–10). Beide Eigentümer waren in den Atlantikhandel eingebunden, versandten von Osnabrück aus Leinwand und importierten unter anderem Tabak und Zucker. Die Familie Tenge betrieb eine Zuckerraffinerie und eine Zigarrenmanufaktur. Ihr 1806 anstelle zweier älterer Bauten errichtetes Haus folgt in seinen Maßen der acht Jahre zuvor fertiggestellten Hirschapotheke (S. 58). Die durch breite Fugen getrennten Steinlagen des Erdgeschosses spielen auf die Sockel italienischer Palazzi an. Die Fassadenverzierung mit den vergoldeten Girlanden ist zurückhaltender als bei der Hirschapotheke, aber auch hier erscheint der Mittelrisalit mit den vier säulenartigen Pilastern und dem Giebelfeld wie eine klassische Tempelfront. Von dem um 1790 erbauten Haus Schwartze hat nur die Fassade den Zweiten Weltkrieg überstanden. Gegliedert wird sie von dem schmalen, nur Portal und das Fenster darüber umfassenden, leicht vorstehenden Mittelrisaliten – bekrönt von einer mit Girlanden verzierten Kupfervase. Ihren eigentlichen Reiz gewinnt die Fassade aus den leicht zurückversetzten seitlichen Fensterachsen. Auch hier ergibt sich der Eindruck einer Tempelfront unter dem flachen Walmdach.

Krahnstraße 1–10

15 MARIENSTRASSE S. 46

Ausgesprochen schön, etwas biedermeierlich romantisch ist der Blick von der Krahnstraße auf das Haus Marienstraße 17. Ein kleiner Fachwerkgiebel von 1587 ruht auf niedrigen Brandmauern. Hinter dem Haus verbirgt sich aber ebenfalls ein geräumiges Steinwerk und 1616 kam ein massiver traufenständiger Anbau mit Fachwerksaal im Obergeschoss hinzu. Unpassend ist das benachbarte, 1975/76 aus Bramsche hierherversetzte Fachwerkhaus von 1767 (heute Restaurant „Weinkrüger", S. 114), das angesichts fehlender Brandmauern und schlichterer Gestaltung seine ländliche Herkunft nicht verleugnen kann. Gegenüber sind gleich zwei große, hohe Steinwerke zu sehen, die jeweils zu Vorderhäusern in der Hegerstraße gehören. Das westliche sehr hohe, zu Hegerstraße 12 gehörende Steinwerk stammt aus dem frü-

Steinwerke und Fachwerkgiebel verleihen der Marienstraße malerische Züge

hen 14. Jh. und besitzt in seinem Ostgiebel noch fünf ursprüngliche Fenster mit spitzem dreieckigen Abschluss aus Sandstein, im Westgiebel immerhin eins, die übrigen Fenster wurden im 19. Jh. eingebaut. Ein schönes Beispiel für schlichtere Bauten des Klassizismus ist das 1816 errichtete ehemalige Gasthaus „Zu den drei Kronen" an der Ecke zur Rolandsmauer. Die in der Hausecke eingemauerte Jahreszahl 1589 mit dem Osnabrücker Rad unter einem Tor im Zentrum ist das letzte erhaltene Marktzeichen, die einst an allen Eingangsstraßen der Stadt markierten, von wo an der Markthandel erlaubt war.

Marienstraße

16 HEGERSTRASSE S. 46

Vom Heger Tor kommend, beherrscht das große klassizistische Eckhaus Hegerstraße 27/28 das Blickfeld. Um 1790 ließ die Rats- und Kaufmannsfamilie Lange den zu beiden Seiten siebenachsigen Bau errichten, in der Großen Gildewart schließt sich noch ein abgeknickter dreiachsiger Stallflügel mit Durchfahrt zum Hof an. Die dort neben dem Portal befindliche Jahreszahl 1692 dürfte auf einen barocken Vorgängerbau zurückgehen. Anders als bei den übrigen großen Handelshäusern der Zeit wurden hier nur der Mittelrisalit zur Hegerstraße sowie einzelne Gliederungselemente sichtbar in Werkstein gearbeitet. Zu den wenigen jenseits des Marktes erhaltenen älteren Steingiebeln zählt die Hegerstraße 15 von 1575 mit spitzbogigem Tor, das beiderseits von Utluchten (ebenerdigen Erkern) und Bänken des 18. Jh.s umgeben ist. Der Fachwerkgiebel mit

Ein Gang durch die Hegerstraße mit ihrem historischen Flair lohnt zu jeder Tageszeit

Krüppelwalm resultiert dagegen aus einem Umbau von 1935; damals wurde auch ein großes Steinwerk zur Marienstraße abgerissen. Gegenüber ruht ein kleinerer Fachwerkgiebel von 1600 auf unterschiedlich hohen Brandmauern. Er überstand den 1613 am Heger Tor ausgebrochenen Stadtbrand. Nicht so um die Ecke in der Bierstraße – dort entstand nach dem Brand im 17. Jh. eine Zeile prächtiger Fachwerkgiebel, von denen aber nur das 1690 errichtete Haus des Hotels „Walhalla“ (S. 125) mit dem schönen barocken Fachwerk den Zweiten Weltkrieg überstand.
Hegerstraße

17 DOMINIKANER-KLOSTER S. 46

Als einzige westfälische Stadt beherbergte Osnabrück mit Augustinern, Dominikanern und Franziskanern alle drei großen Bettelorden in ihren Mauern. Die Reformation überstanden aber nur die Dominikaner, und so ist ihr 1803 aufgehobenes Kloster erhalten geblieben. Nach einer zwischenzeitlichen Kasernennutzung dient die Kirche heute als Kunsthalle (S. 130). Wegbereiter für das Kloster waren zwei Osnabrücker Brüder, die als Mönche 1283 mit dem Auftrag einer Klostergründung in ihre Heimatstadt entsandt wurden. Die auf den ersten Blick einheitlich erscheinende Kirche zeigt mit dem Verzicht auf einen Glockenturm

TIPP Wer noch nicht genug von Bürgerhäusern haben sollte, findet weitere schöne Beispiele in der Hase- und Lohstraße oder im malerischen Ensemble des Vitihofes hinter der Vitischanze.

Das Dominikanerkloster stand einst unmittelbar hinter der Stadtmauer

und dem langen Chor die typischen Formen einer Bettelordenskirche. In den beiden westlichen Jochen des nördlichen Seitenschiffes verbirgt sich ein älterer, ursprünglich zweischiffiger Bau aus der Zeit um 1250, der wenigstens drei Gewölbejoche lang war. Gut zu erkennen ist das innen an den beiden mächtigen Rundpfeilern von 1,45 Metern Durchmesser. Für die spätere Erhöhung des Hauptschiffes wurden die Kapitelle zerteilt und das südliche Segment auf den dort erhöhten Pfeiler gesetzt. Zu deuten ist der Bau als Hospital oder als eine Kapelle, an der schon vor Gründung des Klosters Dominikanermönche gewirkt haben könnten. Der Chor dürfte weitgehend fertig gewesen sein, als 1295 ein Altar geweiht und das Kloster endgültig bestätigt wurde. Zu Beginn des 14. Jh.s. war auch das Gewölbe darüber geschlossen und das östliche Langhausjoch entstand in Form einer dreischiffigen Hallenkirche. Der großzügige Plan blieb aber stecken, vielleicht hemmten die Pest um 1350 oder ein Brand des Klosters im Jahr 1372 den Weiterbau. So standen der neue Chor und die angefangene Hallenkirche vorerst neben dem alten Bau aus der Mitte des 13. Jh.s. Erst im 15. Jh. wurde dessen Umbau aufgenommen, die Hallenplanung aber aufgegeben und das bis dahin flach gedeckte Langhaus gewölbt.

Reste der ersten Klostergebäude aus der Zeit um 1300 sind noch an der Nordseite des Chores zu erahnen. Die jetzigen entstanden in der ersten Hälfte des 18. Jh.s als schlichter barocker Bruchsteinbau um einen rechteckigen Hof. Der mutmaßliche erste Hauptaltar der Klosterkirche ist heute im Wallraf-Richartz-Museum in Köln zu sehen. Reste des Chorgestühls befinden sich im Diözesanmuseum (S. 130), ebenso ein prunkvoll gestalteter Kelch aus der Werkstatt des Osnabrücker Goldschmieds Engelbert Hofsleger von 1468.

Hasemauer 1 • Tel.: 0541 3232190 • www.osnabrueck.de/kunsthalle • Di. 13–18 Uhr, Mi.–Fr. 11–18 Uhr, Sa./So. 10–18 Uhr •

18 STEINWERK BIERSTRASSE

S. 46

ENTDECKER-TIPP

Zu den größten mittelalterlichen Schätzen und deutschlandweit einmaligen Bauwerken zählt das um 1200 erbaute romanische Steinwerk in der Bierstraße. Unvergleichlich ist es dank seiner Gewölbe, die den Keller in Tonnenform und das Dachgeschoss spitz überwölben. In Osnabrück ist es das älteste erhaltene Steinwerk, deutschlandweit der älteste noch stehende Profanbau mit gewölbtem Dach. Das Gewölbe schützte vor Feuer, sorgte aber gerade im Keller auch für ein sehr gleichmäßiges Klima. Es liegt nahe, hier an ein Lager für empfindliche und kostbarere Waren zu denken. Zumindest das Erdgeschoss diente als, für die damalige Zeit, durch-

Für beeindruckende Wohnkultur der Zeit um 1200 steht das Steinwerk Bierstraße

aus großer und luxuriöser Wohnraum. Abgeschieden vom Trubel im Vorderhaus besaß der Raum einen Kamin, dessen Abzug noch in der über 2,50 Meter mächtigen Nordwand erhalten ist, in der sich auch der Treppenaufgang zu den beiden Obergeschossen befindet. Noch mehr Luxus verkündete der Westgiebel nach außen: Nicht nur das Erdgeschoss auch die beiden Obergeschosse besitzen hier romanische Biforien-Fenster mit Rundbögen und Mittelsäule, die zumindest eine Wohnnutzung andeuten. Im Dachgeschoss findet sich daneben aber eine Ladeluke. Möglicherweise sollte die von der Straße sichtbare Schauseite also nur mehr hermachen als dahinter verborgen war – ein Steinwerk dieser Größe war zugleich ein Statussymbol. Die heutigen Biforien-Fenster sind bis auf eines an der Südseite allerdings Rekonstruktionen der Nachkriegszeit nach Baubefunden, mit denen frühe Modernisierungen vernichtet wurden. Denn schon im Spätmittelalter wurden große Kreuzstockfenster in das Erdgeschoss eingebaut – die Bewohner wollten schlicht mehr Licht und vielleicht eine modernere Fassade. Vom ehemaligen Vorderhaus zeugt noch der Ortgang des Dachanschlusses an der nördlichen Traufseite des Steinwerks. Der heutige Kellerzugang durchbricht eine Wandnische neben dem Kamin des Vorderhauses, hier dürfte die Küche gelegen haben. Wer das Steinwerk erbauen ließ, ein reicher Kaufmann oder vielleicht ein Dienstmann des Bischofs – auch sie trieben Handel –, wissen wir leider nicht.

Bierstraße 7

ST. KATHARINEN UND DIE NEUSTADT

Beschaulich ist es um St. Katharinen mit ihrem mächtigen Turm. Die Redlingerstraße lädt zum Bummeln jenseits des Trubels ein und Familien können um einen großen Spielplatz in Cafés und Biergärten verschnaufen. Der Ledenhof war einst Sitz einer mächtigen Bürgermeisterfamilie und schräg gegenüber steht das Schloss der Osnabrücker Fürstbischöfe. Der große Schlossgarten liegt dahinter wie eine Oase in der Neustadt, vor allem die Studenten der Universität genießen hier sonnige Pausen. Zu einer kunsthistorischen Entdeckungsreise lockt St. Johann als Zentrum der bis 1307 selbstständigen Neustadt.

SEHENSWERTES

St. Katharinen Ihr Kirchturm ist schon von Weitem zu sehen und mit ihr ist auch das Rad als Osnabrücker Wappen verbunden. S. 70 1

Ledenhof Prachtvoll hat die Familie von Leden gelebt, doch so wie heute hat der Hof nie ausgesehen. S. 73 3

Fürstbischöfliches Schloss Es war einer der ersten Schlossbauten nach dem Dreißigjährigen Krieg, doch bewohnt wurde es fast nie. S. 74 4

St. Johann Manchmal mit dem Dom verwechselt, wartet auch St. Johann mit über 1.000 Jahren Geschichte und großartigen Kunstwerken auf. S. 78 9

GASTRONOMIE

Arabesque Arabische Küche und im Sommer können die Kinder auf dem Spielplatz vor der Tür toben. S. 114 15

Barösta Kaffeerösterei und Café in der alternativen Einkaufsmeile Redlingerstraße. S. 116 45

siehe große Karte S. 68/69

EINKAUFEN

Buchhandlung Zur Heide Klein, aber fein – gut sortiert und sehr kompetente und nette Beratung. S. 121 4

Neunte Kunst Ein Traum für jeden Liebhaber von Comics und Graphic-Novels. S. 122 14

KULTUR UND FREIZEIT

die probebühne Ein Amateurtheater mit Programm auf hohem Niveau – in der alten Gottesritterkirche. S. 131 12

OsnabrückHalle Messen, Kongresse und große Konzerte, die ehemalige Stadthalle bietet Raum für die größeren Events. S. 132 18

Blick über die Johannistraße auf St. Johann

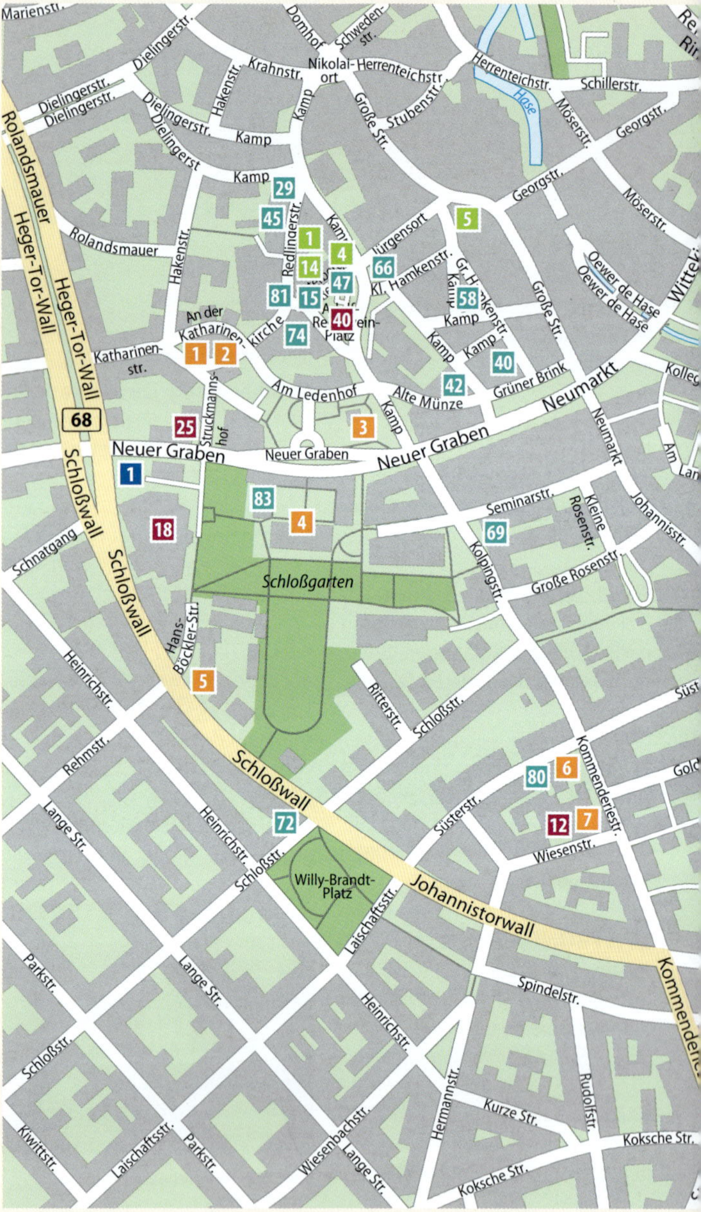
Dielingerstr.
Domhof
Schwedenstr.
Krahnstr.
Nikolaiort
Herrenteichstr.
Herrenteichstr.
Schillerstr.
Hase
Hakenstr.
Kamp
Große Str.
Stubenstr.
Möserstr.
Georgstr.
Rolandsmauer
Heger-Tor-Wall
Redlingerstr.
Jürgensort
Kl. Hamkenstr.
Gr. Hamkenstr.
Oewer de Hase
Rolandsmauer
Hakenstr.
An der Katharinenkirche
Katharinenstr.
Am Ledenhof
Alte Münze
Grüner Brink
Neumarkt
Kolleg
Struckmannshof
Neuer Graben
Schloßwall
Seminarstr.
Rosenstr.
Kleine Rosenstr.
Johannisstr.
Am Lan
Schnatgang
Schloßgarten
Kolpingstr.
Große Rosenstr.
Hans-Böckler-Str.
Heinrichstr.
Ritterstr.
Schloßstr.
Süsterstr.
Kommenderiestr.
Rehmstr.
Wiesenstr.
Lange Str.
Willy-Brandt-Platz
Laischaftsstr.
Johannistorwall
Spindelstr.
Parkstr.
Hermannstr.
Rudolfstr.
Kurze Str.
Koksche Str.
Kiwittstr.
Wiesenbachstr.
68

SEHENSWERTES

1 St. Katharinen S. 70
2 Rund um St. Katharinen S. 72
3 Ledenhof S. 73
4 Fürstbischöfliches Schloss S. 74
5 Plümersturm S. 76
6 Hakenhof S. 76
7 Georgskommende S. 77
8 Gesperrter Turm S. 78
9 St. Johann S. 78
10 Neustädter Rathaus S. 82
11 Gronefeldsche Kurie S. 83

GASTRONOMIE

11 Zinnober S. 114
15 Arabesque S. 114
29 Saro S. 115
40 Fischrestaurant Helgoland S. 116
42 Rosendahls S. 116
45 Barösta S. 116
47 Bottled – Café und Flaschenbar S. 116
58 Eiscafé Toscani S. 117
66 Zimmer Nr. 4 S. 117
69 Balou im Kolpinghaus S. 118
72 Grand Hotel S. 118
74 Grüner Jäger S. 118
80 Sausalitos S. 118
81 Tiefenrausch S. 118
83 Unikeller S. 118

EINKAUFEN

1 34/19 Organic Clothing S. 121
4 Buchhandlung Zur Heide S. 121
5 Bücher Wenner S. 121
14 Neunte Kunst S. 122

ÜBERNACHTUNG

1 Arcona Living S. 125

KULTUR UND FREIZEIT

12 die probebühne S. 131
18 OsnabrückHalle S. 132
25 Glanz & Gloria S. 132
40 Spielplatz HanseKogge S. 134

1 ST. KATHARINEN S. 68

Der Turm von St. Katharinen grüßt jeden Besucher Osnabrücks schon aus der Ferne. Noch heute überragt der um 1500 errichtete Kirchturm mit seinen 103 Metern alle anderen Bauten der Stadt. Zu seiner Bauzeit war er ein Fingerzeig, wo das eigentliche Zentrum der Bürger lag, und provozierte das Domkapitel zum bald darauf begonnenen Bau des massiven südwestlichen Domturms. Der Turmbau begann 1493, nachdem die alte Spitze durch einen Brand zerstört worden war, mit der Aufstockung eines weiteren Geschosses, auf das bis 1511 eine gewaltige gotische Spitzhaube von über 100 Meter gesetzt wurde. Damals wohl noch höher als heute, zerstörte 1601 ein Blitzschlag die Turmspitze. Eine niedrigere barocke Haube wurde nach neuerlichem Brand 1880 durch die heutige, nach Kriegszerstörung schlichter wiederhergestellte Spitze ersetzt.

Angesichts des massiven Turms überrascht dann aus der Nähe das dagegen klein wirkende, fast quadratische Kirchenschiff mit dem schmalen einschiffigen Chor. Die gotische Hallenkirche wurde ab der Mitte des 14. Jh.s von der kleinen, aber machtvollen Pfarrgemeinde errichtet. Im Vergleich zur ein wenig älteren Marienkirche erscheinen die ebenso mächtigen, aber tief gekehlten Bündelpfeiler weniger massig, der Kirchenraum noch lichter. Die Einwölbung erfolgte wohl im ersten Viertel des 15. Jh.s. Um die Schlusssteine des Gewölbes gruppieren sich die Wappenschilder jener Familien, die den Kirchenbau förderten. Unter ihnen einige der bedeutenden Ratsfamilien, die zum überwiegenden Teil im Kirchspiel von St. Katharinen lebten. Ein bedeutender Teil der Ausstattung ging im Zweiten Weltkrieg verloren. Erhalten sind die überlebensgroßen Gemälde von Reformatoren und für die Lutheraner wichtigen weltlichen Herrschern. Die zwischen 1643 und 1648 von der schwedischen Gesandtschaft gestifteten Gemälde zeigen Martin Luther, die beiden Osnabrücker Reformatoren Hermann Bonnus und Johannes Pollius sowie Kaiser Karl V., Gustav Adolf von Schweden und Kurfürst Johann Friedrich von Sachsen. Unter dem Turm hängen die Porträts von seit 1656 amtierenden Pastoren von St. Katharinen. Im mittleren Joch zwischen Mittelschiff und südlichem Seitenschiff erinnert eine Bronzeplatte an einen namenlosen Prinzen des Bischofspaares Ernst August I. und Sophie von der Pfalz, der 1666 in Osnabrück geboren wurde, aber sogleich verstarb.

Unter Langhaus und Turm verborgen liegen die Fundamente der ersten Kirche aus der Zeit um 1200. Dort fanden sich 1990 bei Ausgrabungen die Reste eines achteckigen Zentralbaus mit drei Apsiden im Osten. Vorbild war die Grabeskirche in Jerusalem und ge-

Blick auf den Chor von St. Katharinen, hinter der Mauer lebten im Spätmittelalter Beginen

baut wurde die Kirche, nachdem die Osnabrücker am 3. Kreuzzug (1189–1192) teilgenommen hatten und ihr Bischof Arnold 1190 vor Akkon gestorben war. Noch vor 1248 wurde die Osnabrücker Grabeskirche mit einem Querhaus und Chor erweitert und zur Pfarrkirche erhoben. Die Schlusssteine der für den Neubau im 14. Jh. abgebrochenen ersten Kirche wurden zwischen den östlichen Strebepfeilern des Chores begraben und der Neubau so symbolisch auf der Vorgängerin begründet. Darauf weist noch eine heute schwer

DAS OSNABRÜCKER RAD

Etwa so alt wie die Katharinenkirche ist das 1217 erstmals als Osnabrücker Stadtsiegel und Wappen belegte Rad. In der Deutung des Rades ging man lange davon aus, es sei vom Bischof der Stadt verliehen worden und vielleicht an das Mainzer Rad angelehnt. Doch das Rad als Symbol für Osnabrück ist älter als das Mainzer Gegenstück und es lag zuerst in Händen der Stadt. Der Osnabrücker Bischof übernahm es erst Jahrzehnte später – vermutlich, um seinen Herrschaftsanspruch über die Stadt auszudrücken. Tatsächlich ist die Deutung einfach: Das Rad war das unverkennbare Symbol der Heiligen Katharina von Alexandria. Jene, die um 1200 die erste Katharinenkirche als Nachbau der Grabeskirche errichteten, wählten auch das Rad als Siegelbild, sie stellten die Stadt unter den Schutz der Heiligen Katharina. Zur Stadtpatronin hat sie es dennoch nicht geschafft, diese Ehre blieb den Patronen des Doms vorbehalten: Petrus, Crispin und Crispinian.

lesbare mittelniederdeutsche Inschrift am nordöstlichen Strebepfeiler des Chores hin; daneben ein leider stark verwittertes, aber dennoch eindrucksvolles Relief einer Kreuzigungsgruppe.

An der Katharinenkirche 7 • Tel.: 0541 6002830 • www.katharinen.net • Mo.–Fr. 9–16.30, Sa. 11–12.30, So. 14.30–16.30 Uhr

2 RUND UM ST. KATHARINEN S. 68

Wo heute rund um St. Katharinen Beschaulichkeit abseits der Einkaufsstraßen herrscht, lebten im Spätmittelalter nicht nur die reichen Ratsfamilien. Das Viertel war ebenso von religiösen Gemeinschaften geprägt. Unmittelbar nordöstlich der Katharinenkirche stehen noch die Reste von Südwand und Portal der ehemaligen Franziskanerkirche aus der zweiten Hälfte des 13. Jh.s. Mit der Reformation verließen 1542 die letzten Franziskaner Osnabrück. An der Südseite des Kirchhofes gruppierten sich um 1500 zwei Beginenhäuser, klosterähnliche Frauengemeinschaften, sowie die Klöster der Augustinerinnen und Franziskanerinnen. Typisch für das Viertel um St. Katharinen sind die noch erhaltenen Hofmauern. Viele der Wohnhäuser standen hier nicht an der Straße, sondern zurückgezogen in einem ummauerten Hofraum.

Nur wenige Meter in die Hakenstraße hinein steht das 1955 anstelle eines zerstörten Adelshofes errichtete Behördenhaus. Mit seinem modernen, transparenten Charakter war es ein bewusster Gegenentwurf zur Monumental-

Erholsame Oase mit Kneipen, Cafés und Spielplatz rund um den Adolf-Reichwein-Platz

Der prachtvolle Ledenhof ist heute Sitz der Deutschen Stiftung Friedensforschung

architektur des Dritten Reiches. Typisch für die Zeit ist die nierenförmige Eingangsüberdachung. Daneben kann in einem Schaukasten ein Modell von Justus Mösers Wohnhaus betrachtet werden – eine eindrucksvolle barocke Hofanlage.

Eine Besonderheit birgt die Gastwirtschaft „Grüner Jäger" (S. 118). In einer Eckstube tagt die Klause als ältester bis heute bestehender Stammtisch Deutschlands. Die hier beginnende Redlingerstraße ist mit zahlreichen kleinen Läden der Geheimtipp unter den Osnabrücker Einkaufstraßen. Ein Tipp gerade für junge Familien ist der Spielplatz Koggestrand am Adolf-Reichwein-Platz, gleich um die Ecke. Eine hölzerne Kogge, Sand- und Wasserspielgeräte unterhalten die Kinder, während sich die Eltern an den Tischen von Cafés, Kneipen und Restaurants entspannen können.

An der Katharinenkirche/Hakenstraße/Redlingerstraße

3 LEDENHOF S. 68

ENTDECKER-TIPP

Prachtvoll steht der Ledenhof auf einer großen Freifläche. Seine heutige Gestalt verdankt er freilich der Denkmalpflege der Nachkriegszeit, die ihn idealisiert in der Form des 16. Jh.s rekonstruierte und dabei alte Substanz vernichtete. Verschwunden ist die Mauer um den Hof, in den einst ein Torhaus führte. Der jetzt frei am Palas stehende Treppenturm füllte eigentlich die Ecke zu einem nicht wiederaufgebauten Südflügel. Die Höhe und Bedachung des Turmes sind frei rekonstruiert, ebenso der Aborterker an der Westseite des Steinwerks. Das Steinwerk ist der älteste erhaltene Teil des Hofes, in seinem Kern mit Dachgewölbe und einem in Ostwestrichtung weisenden First entstammt es noch dem 13. oder frühen 14. Jh. Nach 1530 wurde es um zwei Speicherstockwerke erhöht und die Firstrichtung gedreht.

In der Nordseite des Steinwerks ist der Giebel des alten Vorderhauses aus dem 13. Jh. enthalten, das wohl nach dem großen Stadtbrand von 1530 neu aufgebaut und 1900 abgerissen wurde. Nach 1530 entstand auch der bis heute erhaltene Palas im Süden, in der zweiten Hälfte des Jahrhunderts dann der Treppenturm mit dem 1966 abgebrochenen südlichen Renaissanceflügel. Die auffallende Fassadenbemalung des Palas beruht auf Originalbefunden und dürfte tatsächlich einen Eindruck des früheren Aussehens geben. Im Inneren wurde die Ausmalung des Renaissancesaales im Obergeschoss nach Resten nachempfunden und im Treppenturm ist noch die originale Wendeltreppe aus Eichenbohlen des 16. Jh.s erhalten.

Der eindrucksvolle Hof gehörte der Familie von Leden, eine der bedeutendsten Osnabrücker Familien im 15. und 16. Jh. Der Bürgermeister Hinrich von Leden erhielt 1499 von Kaiser Maximilian I. ein Immunitätsprivileg, das ihn und seinen Besitz aus der städtischen wie landesherrlichen Gerichts- und Steuerhoheit heraushob. Er unterstand damit selbst nicht mehr der von ihm vertretenden städtischen Hoheit! Schon sein Sohn trat endgültig in die Ritterschaft über und nahm seinen Hauptsitz auf der Ledenburg bei Bissendorf. Das turmartige weithin sichtbare Steinwerk unterstrich den adligen Anspruch der Familie.

Am Ledenhof 3–5

4 FÜRSTBISCHÖFLICHES SCHLOSS S. 68

Seit dem 15. Jh. residierten die Osnabrücker Bischöfe nicht mehr in der Stadt, sondern in den Schlössern Iburg und Fürstenau, nachdem sie schon zu Ende des 13. Jh.s den alten Hof am Dom aufgegeben hatten und an den Rand der Neustadt gezogen waren. Erst Franz Wilhelm von Wartenberg begann, als Eroberer in die Stadt gezogen, ab 1629 mit der Anlage einer Residenz. Die bischöfliche Festung Petersburg, in der sein Schloss entstehen sollte, wurde aber 1647 von den Bürgern abgetragen. Sein Nachfolger Ernst August I. und dessen Gemahlin Sophie von der Pfalz einigten sich dann 1665 mit dem Stadtrat über die Rückkehr des Hofes in die Hauptstadt des Landes. Der Rat erhoffte sich eine Beteiligung des Landesherrn am teuren Befestigungsbau, musste aber auch der Aufnahme einer Garnison zustimmen und riskierte damit eine Bedrohung der Unabhängigkeit, obgleich der Bischof zuvor die alten Privilegien bestätigt hatte. Zu-

Die Gartenseite des Osnabrücker Schlosses mit St. Katharinen im Hintergrund

nächst erwarb das fürstbischöfliche Paar einen Adelshof am Neuen Graben, der aber kaum den Repräsentationsansprüchen genügen konnte. So begann zugleich die Suche nach einem geeigneten Bauplatz, der ab 1668 aus mehrere Höfen und Gärten zwischen Neuem Graben und der Stadtmauer zusammengekauft wurde. Bis 1673 stand der Hauptflügel, und die Anlage des Gartens – welcher Sophie von der Pfalz als späterer Schöpferin der Herrenhäuser Gärten besonders am Herzen lag – schritt voran. Der Schlossbau ist sehr zurückhaltend in seiner Verzierung und stark von dem ungewöhnlichen Wechsel von je zwei Voll- und zwei Halbgeschossen geprägt. Allein das vom welfischen Wappen bekrönte Portal durchbricht die klare Gliederung. Die zweigeschossigen Flügelbauten um den Ehrenhof folgten erst ab 1678, nachdem weitere Grundstücke hinzugekauft worden waren. Als auch dieser Trakt schließlich 1683 fertiggestellt war, residierten Ernst August I., inzwischen Herzog von Braunschweig-Calenberg, und Sophie bereits seit drei Jahren in Hannover. Sophie, die nach ihrem Umzug klagte: „Ich werde mein Leben lang den Garten und das Schloss in Osnabrück vermissen. Mein Garten, meine Blumen, mein Haus, meine Möbel: Ich finde mich dieser Freuden auf einmal beraubt", richtete sich auch dort gut ein und der Plan, Osnabrück zu ihrem Witwensitz zu machen, fand keine Umsetzung.

Seitdem ruhte das Schloss in einem Dornröschenschlaf. Allein Ernst August II. nutzte es von 1716 bis 1728 als dauerhafte Residenz. Beim Besuch seines Bruders starb hier 1727 Georg I., der erste Welfe auf dem englischen Königsthron. Ernst August II. bemühte sich in seiner Regierungszeit um die wirtschaftliche Entwicklung seines Fürstentums. In Osnabrück gründete er eine Seidenfabrik und eine Fayencemanufaktur, sein früher Tod beendete aber die meisten der noch jungen Unternehmungen, allein die Gradierwerke in Bad Rothenfelde (S. 103) zeugen noch von seinem Wirken. Osnabrück war danach wieder nur ein selten besuchter Nebensitz der wechselnden Landesherren. So strahlten Schlossbau und Fürstenhof letztlich kaum dauerhaft auf Osnabrück aus und der folgende Klassizismus wurde hier nicht zu einem herrschaftlichen, sondern zu einem bürgerlichen Baustil.

Das Schlossinnere fiel vollständig dem Bombenkrieg zum Opfer. Noch erhalten sind die Gefängnis- und Folterzellen der Gestapo im westlichen Hofflügel, in dem sie seit 1938 ihren Sitz hatte. Seit 1953 diente das Schloss als Sitz der Adolf-Reichwein-Hochschule, einer pädagogischen Hochschule, aus der 1974 die Universität Osnabrück hervorging. Der barocke Garten, gewissermaßen ein Vorspiel zu Herrenhausen, an dem Sophie von der Pfalz auch noch nach ihrem Umzug weiterarbeiten ließ, wurde ab Ende des 18. Jh.s zu einem Landschaftsgarten umgestaltet. Heute lädt er mit seinen Wasserspielen und einfallsreich-ungewöhnlich bepflanzten Beeten als innerstädtische Oase ein und ist im Sommer ein Zentrum studentischen Lebens. Die erst nach 1949 angelegte Schlossterrasse wird zum Garten von Figuren der vier Erdteile begrenzt, die um die Mitte des 18. Jh.s für Schloss Eggermühlen geschaffen wurden. Die zwei überlebensgroßen Statuen der Atlanten aus dem späten 17. Jh. stammen vom Sutthauser Schloss.

Neuer Graben/Schloss

5 PLÜMERSTURM S. 68

Der kleine Plümersturm neben dem Ratsgymnasium dürfte im Zuge des Ausbaus der Neustädter Befestigung im 14. Jh. erbaut worden sein. Ab dem 19. Jh. wurde er als Wohnung genutzt, nach dem Zweiten Weltkrieg eine Transformatorenstation eingebaut. Im Erdgeschoss ist abgesehen von dem veränderten Zugang noch ein kleines Fenster nach Süden und eine einzige Schießscharte an der Westseite zu erkennen. In den beiden Obergeschossen finden sich teils vermauerte, fast quadratische Fensteröffnungen mit Sandsteineinfassungen.

Schlosswall

6 HAKENHOF S. 68

Das hohe steile Dach über einem vergleichsweise niedrigen Erdgeschoss lässt den Hakenhof noch als gotisches Wirtschaftsgebäude in der Art einer Zehntscheune erkennen. Vermutlich im 15. Jh. errichtet, gehörte der Bau zum

Einst Adelshof, dann Armenhaus und heute eine Bar – der Hakenhof aus dem 15. Jh.

Stadthof der Ritterfamilie von Hake-Scheventorf. Seine Erhaltung verdankt der Hakenhof dem Osnabrücker Domherrn und Dekan in Deventer Dethard Sleter, der 1476 den Hof erwarb, umbauen ließ und 1479 hier ein Armenhaus für zwölf Bedürftige gleich welchen Geschlechts stiftete. Auch als Relikt gibt er noch einen Eindruck vom möglichen Aussehen der spätmittelalterlichen Hofanlagen wieder, wie sie von den ländlichen Ritterfamilien, aber auch von den städtischen Geschlechtern bewohnt wurden.

Kommenderiestraße 32

7 GEORGS-KOMMENDE

S. 68

Der Deutsche Orden verfügte spätestens seit 1378 über eine eigenständige, als Kommende bezeichnete Niederlassung in Osnabrück. Ihre Gründung geht auf die Münsteraner Georgskommende und Schenkungen von Osnabrückern seit dem frühen 14. Jh. zurück. Die Kommende blieb eher unbedeutend, galt als die ärmste und kleinste in der ohnehin eher schwachen Ordensprovinz (Ballei) Westfalen. Die im Zweiten Weltkrieg ausgebombte Barockkapelle geht auf Bischof Clemens August von Bayern, zugleich Erzbischof von Köln und Bischof von Hildesheim, Münster, Paderborn und Regensburg, zurück. Nach seiner Ernennung zum Hochmeister des Ordens wollte er auch in seinem Nebenland Osnabrück den Deutschen Orden fördern. Der 1732 begonnene Bau zog sich jedoch über ein Jahrzehnt bis zur Weihe zu Ostern 1743 hin. Einen Besuch lohnt sie heute als Spielort der „probebühne", eines engagierten Osnabrücker Amateurtheaters (S. 131).

Wiesenstraße 1 • www.probebuehne.de

8 GESPERRTER TURM S. 68

Etwas verloren zwischen Nachkriegsbauten steht der Gesperrte Turm am Schlosswall. In seiner Bauform ähnelt er dem Bucksturm in der Altstadt (S. 51), ist aber über ein Jahrhundert jünger, da die Stadtmauer hier erst in den Jahren nach der Vereinigung von Alt- und Neustadt im Jahr 1307 errichtet wurde. Anders als der Bucksturm war der Turm auch nicht zur Stadtseite geöffnet, sondern verfügte dort nur über zwei Fenster und zwei Ladeluken. Auf der Feindseite verlieren sich fast die wenigen Schießscharten in der massiven Mauerfläche, sind bis auf das Erdgeschoss aber noch gut in ihrer ursprünglichen Schlüssellochform erhalten. Bekrönt wird der fünfgeschossige Turm unter dem Dach von einem umlaufenden Zinnenkranz. Seine auffällige Mächtigkeit verweist auf einen stärker gefährdeten Abschnitt in der sonst durch feuchte Niederungen geschützten Neustadt. Im 19. Jh. erfolgte ein Umbau zum Spritzenhaus, um die Feuerwehrschläuche aufzuhängen, im Zweiten Weltkrieg dann der Einbau von drei Betonbunkergeschossen in den beiden unteren Geschossen und nach dem Krieg schließlich der Einbruch von Arkaden im Erdgeschoss.

Johannistorwall 75

9 ST. JOHANN S. 68

TOP-TIPP

Eher abseits der Besucherströme inmitten der Neustadt gelegen, zählt die Johanniskirche zu den herausragenden Schätzen Osnabrücks. 1011 gründete Bischof Thietmar das Kollegiatstift außerhalb der Stadt am Rande einer schon im Mittelalter als Wüste bezeichneten Niederung, nach der das heute westlich an die Neustadt angrenzende Stadtviertel heißt. So fügt sich der Patron der Kirche auch gut zur Lage, bekanntlich zog sich auch Johannes der Täufer in die Wüste zurück. Die Ruhe vor der Stadt währte immerhin über zwei Jahrhunderte, denn die Neustadt Osnabrück wurde erst um 1240 gegründet. Die Kirche lag nun mitten in der neuen Stadt und mit der wachsenden Zahl der Einwohner wuchs der Platzbedarf, da St. Johann zugleich Pfarrkirche war. So wurde der 1256 begonnene Neubau bald auch mit der gestiegenen Seelenzahl der Gemeinde begründet. Bis zur Weihe 1292 wuchs nach sehr einheitlichem Plan eine der frühen gotischen Hallenkirchen Westfalens empor und die erste in Osnabrück. Der Bau setzte im Osten und Westen zugleich an, so konnte die alte kleinere Saalkirche noch weiter genutzt werden. Der quadratische Chor mit der bestimmenden Dreifenstergruppe

▶ Großartige Zeugnisse des Mittelalters versammelt der Chor von St. Johann

lehnt sich architektonisch an den kurz zuvor erbauten Domchor an. Zwischen dem Querhaus und dem massiven, im unteren nur durch die große Rosette gezierten Westbau entstand das dreischiffige Hallenlanghaus von drei Jochen Länge. Innen fallen die für das 13. Jh. sehr schlanken Pfeiler auf; mit den großen, die Wände auflösenden Langhausfenstern gewinnt der Raum so im Vergleich zum nur wenige Jahrzehnte älteren Dom an Größe und Weite. Außen fand der Bau mit den Doppeltürmen des Westbaus und den seitlichen Giebeln über den Jochen von Langhaus und Querhaus zu Beginn des 14. Jh.s seinen Abschluss. Damals wurde auch der Kreuzgang angelegt.

Ausstattung Während die Ausstattung des Langhauses einschließlich des neugotischen Triumphkreuzes von 1910 fast ausnahmslos dem ausgehenden 19. und frühen 20. Jh. entstammt, bergen Chor und Querhaus der Kirche bedeutende mittelalterliche Stücke. Dort, wo sich heute der Blick frei zum Chor hin entfalten kann, trennte bis in das frühe 19. Jh. ein Lettner die Kirche in den der Gemeinde zugänglichen Raum des Langhauses und den der Geistlichkeit vorbehaltenen des Chores samt der Vierung. Beherrscht wird der Chor von dem großen 1512 aufgestellten Hochaltar aus der Werkstatt des Münsteraner Bildschnitzers Evert van Roden. Die drei großen Felder zeigen Szenen der Passion, in der Mitte die Kreuzigung, links die Kreuztragung mit der Vorführung vor Pilatus im Hintergrund und rechts die Auferstehung mit der Himmelfahrt dahinter. Weitere Szenen aus dem Leben Christi finden sich in den Figuren der Archivolten um die drei Hauptszenen. Die Scharniere an den Seiten verweisen auf einst vorhandene gemalte Altarflügel, mit denen der Hochaltar außerhalb der Festtage verschlossen wurde. Die Predella unterhalb birgt die Figuren von Christus mit Maria und Johannes in der Mitte, die von den zwölf Aposteln umgeben sind – zwei fehlen heute. Zwei Reliquienschreine fanden ihren Platz in den oberen Ecken des Altars. Im Chor auch drei mit Metallgittern verschlossene Sakramentsnischen des 15. Jh.s, die auf mehrere hier einst aufgestellte Altäre verweisen. Das bis 1885 in der Vierung stehende Chorgestühl aus der ersten Hälfte des 14. Jh.s ist das älteste Westfalens, wenngleich nicht mehr vollständig erhalten. Reich verziert sind die erhaltenen Wangen. Das nördliche Gestühl mit Drachen, über dem ein Hahn wacht und ein sphinxartiges Wesen auf der niedrigeren Wange davor. Auf der Südseite ein nach den Trauben über ihm greifender Löwe mit nach hinten gewandtem Kopf, davor ein von einem Hund verfolgter Hase. Der um 1350 entstandene Levitenstuhl an der Südwand des Chores diente den drei messehaltenden Priestern als Gestühl.

Die reich verzierte Rückwand verbrannte leider im Zweiten Weltkrieg, aber auch die verbliebenen Teile sind in ihrer Ausgestaltung noch herausragend. Die Wangen zeigen Moses und den brennenden Dornbusch sowie die Opferung des Isaak, die Medaillons in der Dachschräge über den Sitzen den thronenden Christus, Maria, beide Johannes sowie eine Darstellung Bischof Thietmars mit einem Modell der von ihm gestifteten Johanniskirche in den Händen. Umgeben ist der Chor von einem zwischen 1390 und 1440 geschaffenen Figurenzyklus von hervorragender Qualität. An beiden Pfeilern zwischen Vierung und Chor blicken zunächst Maria und Christus als Salvator in Richtung des Langhauses. An den Innenseiten stehen sich Johannes der Evangelist und Johannes der Täufer gegenüber, zwischen beiden dann die Reihe der zwölf Apostel, die sich an ihren Symbolen identifizieren lassen.

Das heute rechts von der Vierung aufgestellte Sakramentshaus stand einst im Zentrum zwischen der Vierung und dem Langhaus. Als Teil des Lettners fungierte es zugleich als steinerne Altarretabel des Pfarraltares von St. Johann. Bekrönt wurde der Altar von einer bis in das Gewölbe reichenden 21 Meter hohen Spitze. Mit deren Abbruch ging auch die Darstellung des Jüngsten Gerichtes oberhalb des erhaltenen Sakramentshauses verloren, von dem in den Zwickeln links und rechts noch die Seligen und die Verdammten zu sehen sind. Das um 1440 aus Baumberger Sandstein gearbeitete Sakramentshaus sticht angesichts seiner Qualität aus den zahlreichen vergleichbaren westfälischen Stücken heraus und dürfte aus derselben Werkstatt stammen, in der auch der Figurenzyklus im Chor gefertigt wurde. Dargestellt sind an der Basis die Kirchenväter Augustinus, Gregor, Hieronymus und Ambrosius, darüber in der Laibung des Bogens acht Propheten, die von den paarweise übereinander an den Strebepfeilern angebrachten Aposteln eingefasst werden. Über ihnen ist die Verkündigung Mariens dargestellt, im Tympanon oberhalb der Tabernakeltür Johannes Evangelist mit dem Giftbecher. Auf der feuervergoldeten Tür steht Johannes der Täufer im Zentrum, darüber wiederum eine Verkündigungsszene und in den Ecken die Symbole der vier Evangelisten.

Links des Chores ist eine wiederentdeckte mittelalterliche Altarnische zu sehen, die Aussparung im Mauerwerk daneben diente als Sakramentsschrank. Die um 1430 geschaffene Strahlenkranzmadonna in der Nische war einst Teil einer freihängenden Doppelmadonna. Das Gegenstück befindet sich heute in der Kirche St. Ansgar in Nahne. An den Westwänden beider Querhausarme stehen Kirchenbänke aus dem frühen 14. Jh. – der Besucher kann sich hier nicht nur sprichwörtlich in das Mittel-

Eine mittelalterliche Altarnische mit Strahlenkranzmadonna um 1430

alter zurückversetzen. Das übrige Gestühl im Querhaus wurde 1693 für das ehemalige Augustinerinnenkloster bei der Katharinenkirche gefertigt. Im Kirchenraum lohnen zahlreiche schöne Epitaphien, Grabdenkmäler, des 16. und 17. Jh.s einen näheren Blick. Unbedingt zu empfehlen ist der Kreuzgang – nicht nur als wunderbarer Ort der Stille und angesichts seiner anders als am Dom ganz der Gotik zugewandten Gestalt. In der Nordwestecke findet sich das Epitaph von Engelbert Monnick (Ende 16. Jh.), das sich bis in das 20. Jh. an dem von ihm gestifteten Armenhaus befand. Nicht nur dass die kniende Figur des Stifters im Vordergrund deutlich größer ist als der leidende Christus am Kreuz, in der Inschrift wird auch auf die hohe Summe der Stiftung von 2.200 Talern hingewiesen.

Johannisstraße 40 • Tel.: 0541 350630 • www.st-johann-os.de • Mo.–So. 7.30–19 Uhr • (außer im Chorbereich)

10 NEUSTÄDTER RATHAUS

S. 68

War das Rathaus der Altstadt bereits 1948 aus Trümmern auferstanden, so war das der Neustadt bis 2001 noch teilweise eine Ruine. Dabei ist das Neustädter das ältere der beiden Osnabrücker Rathäuser. Im Jahr 1348 war es weitgehend fertiggestellt, als die Stiftsherren von St. Johann mit den Ratsherren der Neustadt einen Vertrag über den Weiterbau schlossen. Das auf dem Boden des Stifts errichtete Rathaus sollte ob der Gerüche keine Kloake bekommen und die beiden unteren Viertel der Obergeschossfenster auf der Südseite dicht mit Holz oder Glas verschlossen werden, damit nichts in den dahintergelegenen

Stiftsherrenhof geworfen werden konnte. Die Erwähnung der Kreuzstockfenster schon 1348 zählt zu den frühesten Belegen für diesen Fenstertyp überhaupt. Nicht nur in den großen modernen Fenstern zeigte sich ein repräsentativer Anspruch. Das Rathaus der Neustadt war größer als das zeitgenössische der Altstadt, obgleich die Neustadt nur vier Ratsherren zählte. Eingebunden in den Bau waren der Tuchhandel und Marktstände im Untergeschoss; der schmalere Nebenbau entlang der Johannisstraße dürfte ebenfalls auf eine Marktbudenzeile zurückgehen.

Johannisstraße 37/38

11 GRONEFELDSCHE KURIE S. 68

Besonders schön ist die Häusergruppe gegenüber vom Rathaus, an der Ecke von Johannisstraße und Süsterstraße. Der große dreigeschossige Bau geht auf einen ehemaligen Stiftsherrenhof (Kurie) von St. Johann zurück, der von der 1798 gegründeten Weinhandlung Hoberg übernommen wurde. Um 1800 erfolgte ein klassizistischer Umbau, von dem der erhöhte Dreiecksgiebel stammt – der Erker kam erst um 1900 hinzu. Im Oktober 1929 und im Sommer 1930 schrieb Erich Maria Remarque hier an seinem Roman „Der Weg zurück", unweit davon hatte er in den 1920er-Jahren in einer Grabsteinfirma gearbeitet. Das kleinere Wohnhaus daneben mit dem schönen Sandsteingiebel wurde um 1860 im romanisierenden Rundbogenstil erbaut.

Johannisstraße 92

Um 1348 wurde das Neustädter Rathaus auf der Johannisfreiheit errichtet

JENSEITS DES ZENTRUMS

Erholsames Grün lockt in Osnabrück nur wenige Schritte jenseits der Innenstadt. Auf dem Gertruden- und Westerberg erstrecken sich schöne Parklandschaften inmitten schöner Gründerzeitviertel. Am Stadtrand lädt der Piesberg zu Ausflügen in die frühe Industriegeschichte Osnabrücks und zu Spaziergängen rund um die spektakulären Steinbrüche sowie den sagenumwobenen Karlsteinen ein. Der Zoo in der Waldlandschaft des Schölerberges ist das beliebteste Ausflugsziel der Stadt. Und wer es ruhiger haben möchte, der kann durch die Wälder des Nettetals wandern und das Wallfahrtskloster Rulle besuchen.

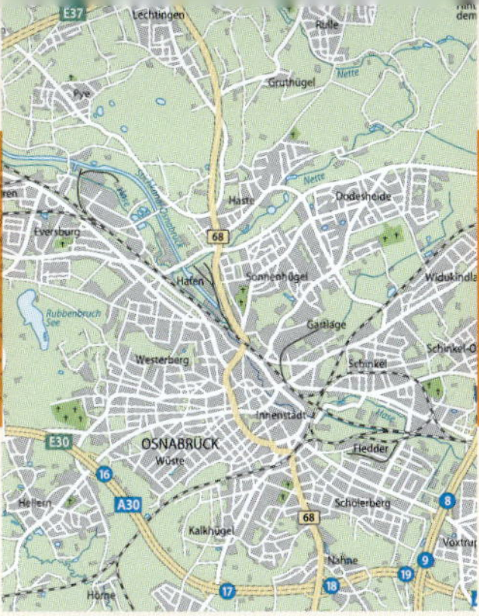

siehe große Karte S. 86/87

SEHENSWERTES

Gertrudenberg Ein paar Schritte von der Innenstadt eröffnet sich auf dem Berg eine grüne Oase. S. 88 1

Piesberg Eine Wanderung rund um den Piesberg führt zu spektakulären Felsschluchten und in eine frühe Industrielandschaft. S. 91 3

GASTRONOMIE

Gasthof Knollmeyer Gut mit dem Fahrrad zu erreichen, lädt Knollmeyers Biergarten zu einem Ausflug ins Nettetal ein. S. 113 4

Fricke-Blöcks Wer herausragende Küche zum angemessenen Preis sucht, ist hier goldrichtig. S. 115 32

Büdchen Toller Biergarten auf dem Westerberg, inzwischen schon mehr als ein Geheimtipp. S. 118 71

ÜBERNACHTUNG

ibis budget Osnabrück City Zentral am Bahnhof gelegen und zum sehr günstigen Preis. S. 126 19

KULTUR UND FREIZEIT

Museum Industriekultur Mit den Dampfmaschinen, alten Werkstätten und einem Fahrstuhl in den alten Schacht ein Erlebnis für die ganze Familie. S. 130 5

Botanischer Garten Geschützt in alten Steinbrüchen gelegen, lassen sich fußläufig von der Innenstadt Natur, Sonne und Ruhe genießen. S. 134 41

Zoo Über eine Million Besucher können kaum irren: Der Zoo ist Osnabrücks größter Publikumsmagnet. S. 135 46

Tretbootfahrt auf dem Rubbenbruchsee

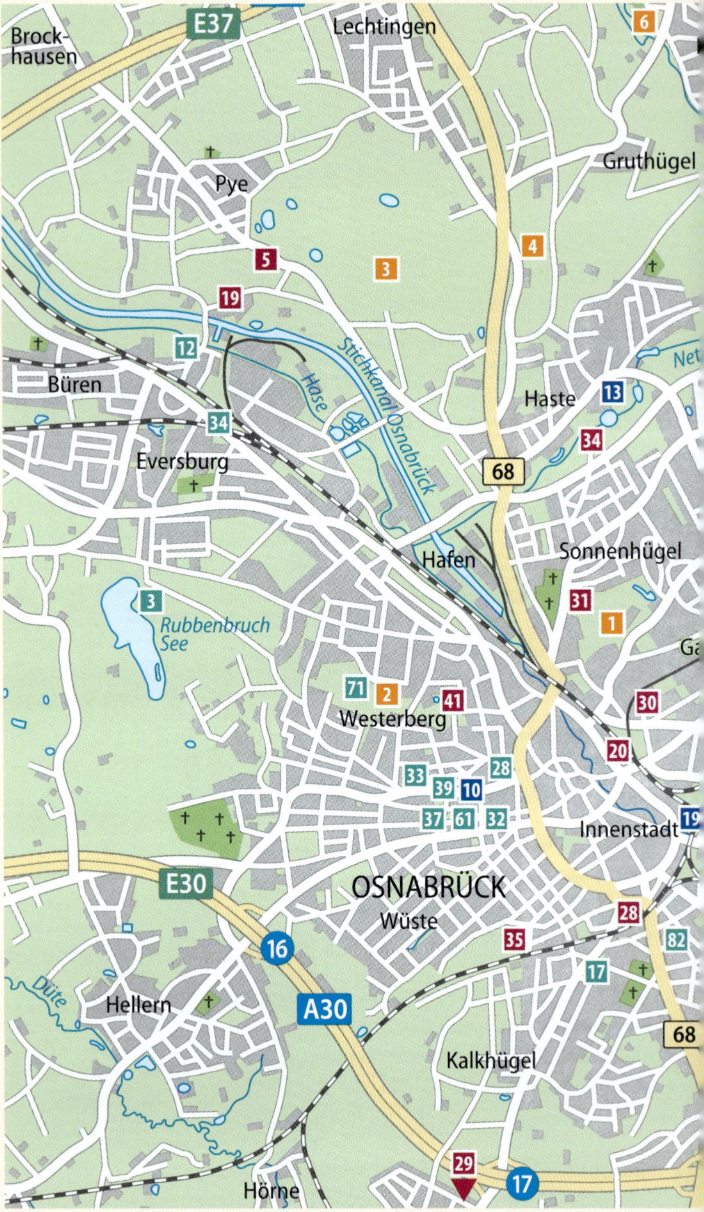
Brockhausen
E37
Lechtingen
6
Gruthügel
Pye
5
3
4
19
12
Stichkanal Osnabrück
Hase
Net
Büren
Haste
13
34
34
Eversburg
68
Hafen
Sonnenhügel
31
1
3
Rubbenbruch See
Ga
71
2
41
Westerberg
30
20
28
33
39
10
37
61
32
Innenstadt
19
E30
OSNABRÜCK
Wüste
28
35
82
16
17
Düte
Hellern
A30
68
Kalkhügel
29
17
Hörne

SEHENSWERTES

GASTRONOMIE

ÜBERNACHTUNG

KULTUR UND FREIZEIT

1 DEN GERTRUDENBERG HINAUF S. 86

Nur wenige Schritte in die Ziegelstraße hinein, dann den schmalen „Terrasse" genannten Fußweg hinauf und schon entschwinden die Geräusche der hektischen Großstadt. Fast noch wie in den Jahren um 1800 führt zwischen Hecken und alten Gartenmauern eine Bergahornallee zum ehemaligen Benediktinerinnenkloster auf dem Gertrudenberg. Schon um 1080 versuchte Bischof Benno II. hier ein Kloster zu gründen, doch wollten die Nonnen aus Herzebrock nicht unmittelbar unter die Augen ihres Bischofs ziehen. So ließen sich erst über ein halbes Jahrhundert später die ersten Benediktinerinnen hier nieder. Die heutige Kirche wurde um 1230/35 als einschiffiger Bau mit südlichem Querhaus fertiggestellt und besitzt kuppelartige Gewölbe wie der Dom (S. 24). Der quadratische Chor dürfte aus dem 12. Jh. stammen. Schon 1280 zerstörten die Bürger das Kloster, das bedrohlich über der Stadt lag, mussten es aber unter päpstlichem Druck wiederaufbauen. Auch im Dreißigjährigen Krieg ging das Kloster noch einmal in Flammen auf. 1765 wurde das Äbtissinnenhaus neben der Kirche erbaut; das etwas tiefer gelegene Torhaus, dessen Durchfahrt heute verbaut ist, bereits 1708. Der strategisch günstigen Lage auf dem Berg entspricht auch die schöne Aussicht auf die Stadt, die allein schon den Abstecher lohnenswert macht. Ab 1864 begann der Ausbau des ehemaligen Klostergeländes zur nach damaligem Verständnis modernen „Irrenanstalt". Bis 1867 entstand das symmetrische, repräsentativ gestalte Gebäudeensemble im neoromanischen Rundbogenstil. Der berühmteste Organist der Kirche war übrigens Erich Maria Remarque.

Hinter dem Kloster lädt der ab 1876 angelegte Bürgerpark zum Flanieren auf den Höhen des Gertrudenberges ein. Doch die Beschaulichkeit täuscht, der Berg ist durchzogen von einem Kalkbergwerk, dem „Gertrudenberger Loch". Seit dem Mittelalter wurde hier für die Bauten der Stadt Kalk abgebaut – im 19. Jh. dienten die leider unzugänglichen Stollen als Bierkeller, im Zweiten Weltkrieg als Luftschutzbunker. Nach Osten hin fällt der Blick auf weite Industriegelände, deren Anfänge in die 1850er-Jahre zurückreichen – hier begann Osnabrücks Weg hin zur Industrie- und Arbeiterstadt. Am Süd- und Westhang des Berges entstanden im ausgehenden 19. und frühen 20. Jh. reizvolle Häuserzeilen und einzelne Villen. Unterhalb des Berges wurde ab 1808 mit dem Hasefriedhof, einer der beiden ersten modernen Friedhöfe außerhalb der Mauern angelegt. Im ältesten südlichen Teil entstanden dabei entlang der

► Im Kloster auf dem Gertrudenberg lebten seit dem 12. Jh. Benediktinerinnen

Die Achteckform der Kapelle des Hasefriedhofs erinnert an die Grabeskirche in Jerusalem

Friedhofsmauern dauerhafte Erbbegräbnisse für die wohlhabenden Familien. In der ersten Erweiterung von 1833 steht die um 1860 erbaute, achteckige Friedhofskapelle – ein Zentralbau in neoromanischen Formen des Rundbogenstils. Seit 2015 ist der Friedhof entwidmet und wird unter Erhaltung der Bauten und wichtigen Grabdenkmäler zum Park entwickelt.

2 ÜBER DEN WESTERBERG S. 86

Der Westerberg und das angrenzende Katharinenviertel gehören zu den schönsten und teuersten Wohnvierteln Osnabrücks mit interessanten Bauten des 19. und frühen 20. Jh.s. Von der Innenstadt führt die Bergstraße an der 1891 bis 1893 errichteten reformierten Bergkirche vorbei auf die Höhe des Westerberges. Etwas unterhalb liegt an der Blumenthalstraße die zwischen 1897 und 1899 angelegte Caprivi-Kaserne. Wo heute Studenten der Hochschule Osnabrück lernen, erlebte der junge Rekrut Erich Maria Remarque im Infanterieregiment 87 eine Ausbildung, die ihn zur Figur des soldatenschleifenden Unteroffiziers Himmelstoß in seinem Roman im „Westen nichts Neues" inspirierte.

In den Berg hinein führt ein Besuch des in zwei ehemaligen Steinbrüchen liegenden botanischen Gartens der Universität (S. 134). Im natürlich belassenen südlichen Steinbruch lässt sich der Steinabbau seit dem Mittelalter nachvollziehen, als hier der Stein für den Haus- und Befestigungsbau gebrochen wurde. Über den Westerberg führt der Kammweg

Schön erhebt sich die Bergkirche am Aufstieg zum Westerberg

direkt ins Grüne hinaus: Durch das Heger Holz, einen von der Heger Laischaft im frühen 18. Jh. angelegten Forst, erreicht man in einer knappen Dreiviertelstunde den Rubbenbruchsee.

Bergstraße/Katharinenstraße/Blumenthal/Rubbenbruchsee • Buslinien 21/22, 31–33

3 RUND UM DEN PIESBERG S. 86

ENTDECKER-TIPP

Im mit 188 Metern höchsten Berg der Stadt werden noch immer Bodenschätze abgebaut. Schon im Mittelalter wurde im Piesberg hochwertige Anthrazitkohle geschürft. Zwischen 1568 und 1647 und dann wieder ab 1730 unterhielt die Stadt das Bergwerk als Eigenbetrieb, verkaufte es aber schließlich 1889 an den Georgs-Marien-Bergwerks- und Hüttenverein. Neun Jahre später kam es jedoch zur endgültigen Schließung. Ebenfalls seit dem Mittelalter wird der extrem harte Piesberger Karbonquarzit abgebaut. Noch heute frisst sich der Steinbruch mit bis zu 80 Meter hohen Steilwänden in den Berg. Eine zu Fuß oder per Feldbahn zu erreichende Aussichtsplattform bietet einen weiten Ausblick über Stadt und Umland. An die jahrhundertealte Bergbaugeschichte und die frühe Industrialisierung in Osnabrück erinnert das Museum Industriekultur (S. 130). Wer in den Berg abtauchen will, kann hier mit einem Fahrstuhl in den Schacht einfahren und durch den Hasestollen wieder hinaus ans Tageslicht spazieren. Unterhalb des Museums beherbergt der alte Zechenbahnhof die Osnabrücker

Der ehemalige Haseschacht beherbergt das Museum Industriekultur

Dampflokfreunde (S. 135) mit ihrer Sammlung historischer Eisenbahnfahrzeuge. Noch im Aufbau befindet sich ein Museum für schmalspurige Feldbahnen (S. 131).

Fürstenauer Weg • Buslinien 81/82, Haltestelle „Industriemuseum"

4 DIE KARLSTEINE UND DAS KREUZ IM HONE S. 86

Als Karl der Große Osnabrück zum Bischofssitz erhob, lagen sie schon mehrere Tausend Jahre an ihrem Platz. Das nach dem Kaiser benannte Großsteingrab wurde vor über 5.000 Jahren in der Jungsteinzeit errichtet. Unter den zahlreichen Großsteingräbern Nordwestdeutschlands sticht es mit seinem Material – Piesberger Kohlesandstein statt Granit – und seinen mächtigen Decksteinen hervor. Schon für das 17. Jh. sind erste Ausgrabungen überliefert und Johann Heinrich Tischbein, der Maler Goethes in der Campagna, verewigte sie auf einem Aquarell. Mit Karl dem Großen verbindet die Steine eine der vielen Osnabrücker Sagen zum Frankenherrscher. So soll Karl mit seiner Gerte auf die Steine geschlagen und ausgerufen haben: „Gleich unmöglich ist es, diesen Stein wie die harten Nacken der Sachsen zu brechen!" Zugleich beteten sieben Brüder aus seinem Heer zu Gott, baten um Beistand und tatsächlich brach der Stein unter der Pappelgerte Karls. In Erinnerung an den sagenhaften Ort der ersten im Osnabrücker Land gehaltenen Messe steht auf der anderen Straßenseite im Wald ein Kreuz, das Kreuz im Hone, und sieben Buchen wurden gepflanzt, um an die Brüder zu erinnern.

Als Zeugnis früher Besiedlung stehen die Karlsteine am Rande der Stadt

Oldenburger Landstraße, vor Unterführung B 68 • Buslinie 584–586, Haltestelle „Auf dem Klee" • www.strassedermegalithkultur.de

5 IM NETTETAL S. 86

Genau genommen liegt das Nettetal schon jenseits der Stadtgrenze in der Gemeinde Wallenhorst. Da es wandernd oder schneller mit dem Fahrrad von der Stadt gut zu erreichen ist, lädt es zu kurzen und längeren Wanderungen durch die umgebenden Wälder ein. Der Biergarten (S. 113) neben der Wassermühle, ein Klettergarten und ein Minigolfplatz (S. 134) bieten Rast und sportliche Abwechslung. Oberhalb des Tales liegt eine bis auf die Erdwälle verfallene Burganlage. Wie viele im Osnabrücker Land trägt sie den Namen des Sachsenherzogs und Gegenspielers Karls des Großen Widukind. Die Wittekindsburg im Nettetal wurde nach archäologischen Untersuchungen aber vermutlich tatsächlich genutzt, als Karl der Große gegen die Sachsen Krieg führte und sie zum Christentum zu bekehren versuchte. Vielleicht noch in karolingischer Zeit erfolgte ein massiver Ausbau der Burg mit von Trockensteinmauern gesicherten Wällen, zwei Türmen und steinernen Gebäuden, von denen noch die neu aufgemauerten Fundamente zeugen.

Nettetal • 49134 Wallenhorst-Rulle

6 KLOSTER RULLE S. 86

Unweit des Nettetals liegt das ehemalige Zisterzienserinnenkloster Marienbrunn. Zwei Ritter und ein Bürger gründeten es 1230 zunächst in Haste, doch schon

Malerischer Blick auf das ehemalige Zisterzienserinnenkloster Rulle

1246 wurde es nach Rulle verlegt. Dort findet sich heute ein über die Jahrhunderte gewachsener Komplex aus einer alten um die Mitte des 12. Jh.s entstandenen Kirche, der 1344 geweihten Klosterkirche und dem gewaltigen 1928 bis 1930 vom Kölner Dombaumeister Renard errichteten Chorbau der Wallfahrtskirche. Erhalten ist auch der Kapitelsaal aus der Mitte des 14. Jh.s. Zum Wallfahrtsort wurde Rulle, nachdem 1347 eine Dose mit Hostien und gespendetes Gold vom Altar gestohlen worden war. Zwei Wochen später fanden Kirchgänger die Dose mit Blut gefüllt in einem Dornbusch. Das Blutwunder zog nun zahlreiche Gläubige nach Rulle und verschaffte den Nonnen eine willkommene Einnahmequelle. Das Kloster ist 1802 aufgehoben worden, doch die Wallfahrt besteht noch heute.

Klosterstraße • 49134 Wallenhorst-Rulle • Buslinie 541/585, Haltestelle „Rulle Am Haupthügel"/„Apotheke"

7 ZUM SCHÖLERBERG HINAUS

S. 86

Auf dem Weg zum Schölerberg ziehen zwei außergewöhnliche Kirchenbauten des frühen 20. Jh.s die Blicke auf sich. Direkt an der Ecke von Iburger Straße und Miquelstraße beherrscht die 1907 bis 1909 erbaute evangelische Lutherkirche mit ihrer massiven Westfront und dem hervorspringenden Turm das Blickfeld. Nach außen vereint der Bruchsteinbau romanisierende mit Jugendstilelementen. Im Innenraum fasziniert die vollständig erhaltene und sehr homogene Ausstattung und Ausmalung im Jugendstil mit großem Apsisbild. Wenige Schritte die Miquelstraße hinunter erhebt sich mit der Josephskirche das 1913 begonnene und 1926 mit der Ausmalung abgeschlossene katholische Gegenstück. Die kreuzförmige, neoromanische Basilika besitzt nach Westen eine große, reich ornamentierte Säulenvorhalle. Innen ist eine farbenfrohe neoromanische Ausmalung von Chor, Vierung und Querhaus zu bewundern.

Gegenüber der Lutherkirche beginnt auf der anderen Seite der Iburger Straße der weitläufige Johannisfriedhof. Wie der Hasefriedhof (S. 88) wurde er 1808 angelegt und inzwischen entwidmet. Direkt an der Magdalenenstraße liegt der 1876 angelegte jüdische Friedhof.

Der Schölerberg ist ein Traum für jeden Zoo-Liebhaber. Mit seinen neuen großen Tierlandschaften und beständigen Verbesserungen zählt der Osnabrücker Zoo (S. 135) inzwischen zu den besten zoologischen Gärten in Deutschland. Mit einem einzigartigen unterirdischen Zoo ist das naturkundliche Museum direkt angeschlossen. Wen es in die große Ferne treibt, der kann sich in das moderne Planetarium begeben (S. 130).

Iburger Straße/Miquelstraße 15/25 • Buslinien 21/61/53, Haltestelle „Lutherkirche" • Klaus-Strick-Weg 10/12 • Buslinie 21, Haltestelle „Kreishaus"/„Zoo"

Im Museum am Schölerberg wird Osnabrücker Landschaftsgeschichte erzählt

AUSFLÜGE INS OSNABRÜCKER LAND

Bergig im Süden und eher flach im Norden – so verbinden sich rund um Osnabrück landschaftliche Gegensätze. Im ganzen Land des ehemaligen Hochstifts finden sich zahlreiche Rittersitze und Schlösser, romantische Klöster und schöne Kleinstädte. Die Wälder des Osnabrücker Berglandes, heute ein Wanderparadies, wurden den Römern im Jahre neun nach Christus zum Verhängnis, drei Legionen der römischen Armee gingen hier in der Varusschlacht unter. Ihre Fußabdrücke hinterließen aber bereits die Dinosaurier vor Jahrmillionen und alt ist auch das noch heute geförderte Salz aus den Tiefen des Osnabrücker Landes.

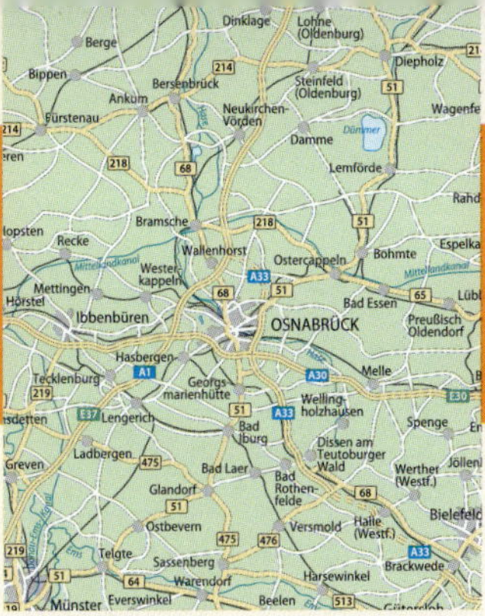

siehe große Karte S. 98/99

SEHENSWERTES

Stift Börstel Einsam und abgeschieden liegt das ehemalige Zisterzienserinnenkloster noch heute. S. 100 3

Burg Holte Verwunschen liegt die Burg der Edelherren von Holte als Ruine im Wald. S. 103 7

Schloss Iburg Majestätisch thront das Schloss der Osnabrücker Bischöfe auf dem Iburger Burgberg. S. 104 9

Rheda-Wiedenbrück Tauchen Sie ein in eine wunderschöne Fachwerkstadt und besuchen Sie Schloss Rheda. S. 106 12

GASTRONOMIE

Hof Elting-Bußmeyer Restaurant und Café auf einem der schönsten Artländer Bauernhöfe. S. 119 89

Das Kleine Haus Tee und Kaffee lassen sich bei Sonne auf dem Bad Essener Kirchplatz genießen. S. 119 87

Confiserie – Café Rabbel Das Café mit hervorragender Confiserie ist allein schon ein Grund, Tecklenburg zu besuchen. S. 119 86

KULTUR UND FREIZEIT

Tuchmachermuseum Bramsche Noch funktionierende Maschinen entführen in die Geschichte der Tuchmacherstadt. S. 135 49

Museum und Park Kalkriese Die Römer waren schon hier, was sie 9. n. Chr. auf dem Schlachtfeld zurückließen, ist in einer großen Ausstellung zu sehen. S. 135 50

Automuseum Melle Der Besuch ist ein Muss für jeden Liebhaber alter Autos und Motorräder. S. 136 53

Freilichtbühne Tecklenburg Wer Musical in romantischer Umgebung liebt, ist hier richtig. S. 137 57

Römertage in Kalkriese

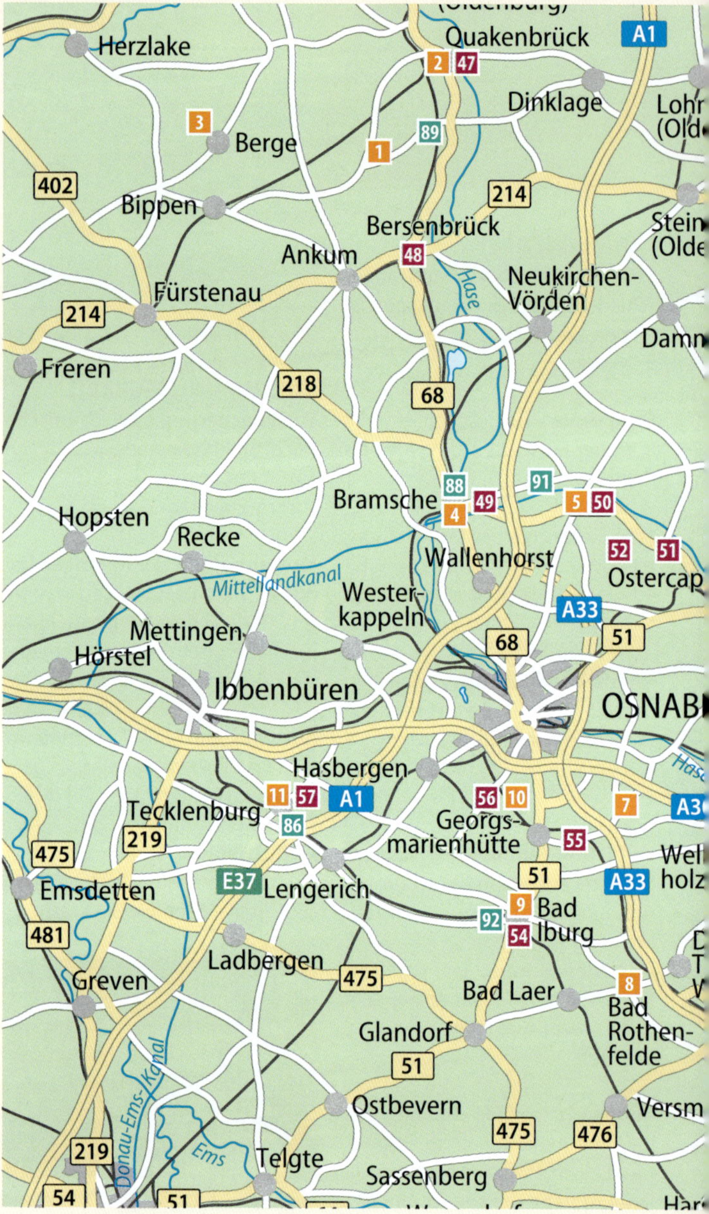
Quakenbrück
A1
2
47
Herzlake
Dinklage
Lohr (Old
3
Berge
89
1
402
214
Bippen
Bersenbrück
Stein (Olde
Ankum
48
Hase
Neukirchen-Vörden
214
Fürstenau
Freren
Damm
218
68
88
91
Bramsche
49
5
50
4
Hopsten
Recke
52
51
Wallenhorst
Ostercap
Mittellandkanal
Wester-kappeln
A33
Mettingen
68
51
Hörstel
Ibbenbüren
OSNAB
Hasbergen
Hase
11
57
A1
56
10
7
Tecklenburg
86
Georgs-marienhütte
55
219
475
Emsdetten
E37
Lengerich
51
A33
Wel holz
9
Bad Iburg
92
54
481
Ladbergen
475
Greven
Bad Laer
8
Bad Rothen-felde
Glandorf
51
Donau-Ems-Kanal
Ostbevern
Versm
475
476
219
Ems
Telgte
Sassenberg
54
51

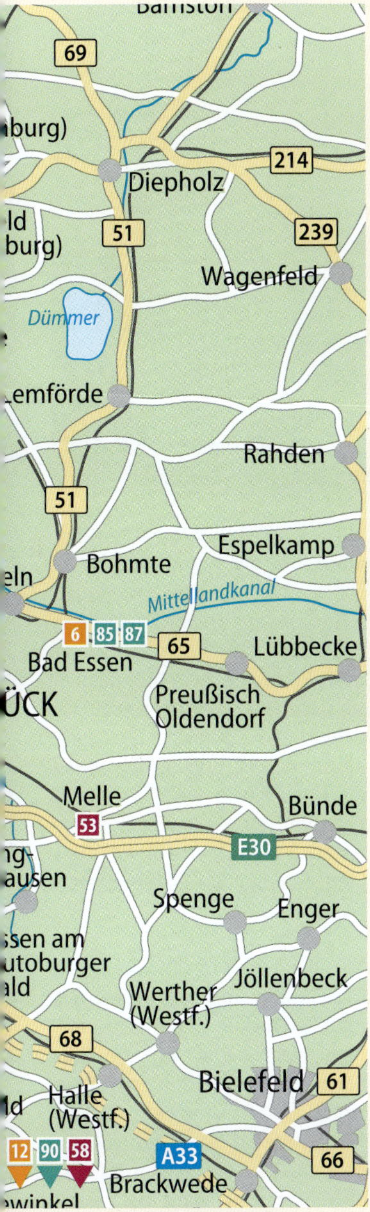

SEHENSWERTES

1 Kulturschatz Artland S. 100
2 Quakenbrück S. 100
3 Stift Börstel S. 100
4 Bramsche S. 101
5 Kalkriese S. 101
6 Bad Essen S. 102
7 Burg Holte S. 103
8 Bad Rothenfelde S. 103
9 Schloss Iburg S. 104
10 Rund um den Hüggel S. 105
11 Tecklenburg S. 105
12 Rheda-Wiedenbrück S. 106

GASTRONOMIE

85 Café Alte Rentei S. 119
86 Confiserie – Café Rabbel S. 119
87 Das Kleine Haus S. 119
88 Haus Surendorf S. 119
89 Hof Elting-Bußmeyer S. 119
90 Hotel Restaurant Ratskeller S. 119
91 Vicianum S. 119
92 Weinkeller am Hanseplatz S. 119

KULTUR UND FREIZEIT

47 Stadtmuseum Quakenbrück S. 135
48 Museum des Landkreises Osnabrück S. 135
49 Tuchmachermuseum Bramsche S. 135
50 Museum und Park Kalkriese S. 135
51 Museum Schnippenburg S. 136
52 Eisenzeithaus S. 136
53 Automuseum Melle S. 136
54 Schlossmuseum Iburg S. 136
55 Museum Villa Stahmer S. 137
56 Gedenkstätte Augustaschacht S. 137
57 Freilichtbühne Tecklenburg S. 137
58 Wiedenbrücker Schule Museum S. 137

Ein Juwel im Kulturschatz Artland – Hof Elting-Bußmeyer in Badbergen

1 KULTURSCHATZ ARTLAND S. 98

Mächtige Bauernhöfe mit holzreichen Giebeln und burgartig um den Hof gruppierten Nebengebäuden prägen das Artland. Im Norden des Osnabrücker Landes in einem weiten Kreis um Badbergen erstreckt sich eine einzigartig erhaltene bäuerliche Kulturlandschaft. Über 100 der Höfe stehen unter Denkmalschutz, viele von ihnen sind jährlich am Tag des offenen Denkmals am zweiten Septemberwochenende zu besichtigen.
www.artland.de

2 QUAKENBRÜCK S. 98

Am Nordrand des Artlandes liegt Quakenbrück, die drittälteste und einst drittgrößte Stadt des Hochstifts. In den 1230er-Jahren gründete der Osnabrücker Bischof Konrad von Velber hier eine Stiftskirche und eine Burg als Kern der Stadt, um die Nordgrenze zu sichern. Die Stiftsherren zogen schon ein Jahr nach der Gründung 1235 nach Badbergen und später nach Bramsche. Erst 1489 kamen sie nach Quakenbrück zurück. Erhalten sind zahlreiche Fachwerkhäuser des 17. und 18. Jh.s sowie die Hohe Pforte, ein mittelalterliches Stadttor. Wer mehr über die Geschichte erfahren will, sollte das Stadtmuseum (S. 135) besuchen.
www.artland.de

3 STIFT BÖRSTEL S. 98

Die Einsamkeit galt als Ideal des mittelalterlichen Zisterzienserordens. Noch heute liegt das Stift Börstel inmitten großer Wälder fernab der nächsten Orte. Im Jahr 1251 richteten die Grafen von Oldenburg hier ein Kloster für Zisterzienserinnen ein, das nach

Das Museum zur Varusschlacht setzt auch architektonisch Akzente

der Reformation in ein bis heute fortbestehendes evangelisches und katholisches Damenstift umgewandelt wurde. Erhalten sind noch die gotische Klosterkirche aus dem 13. Jh. und zwei Flügel des Kreuzgangs. Ungewöhnlich für das Osnabrücker Land ist die Verwendung von Backsteinen für den Klosterbau. Der große zweigeschossige Speicher aus Findlingen stammt vielleicht noch aus der Gründungszeit des Klosters.

Börstel 4 • 49626 Berge • Tel.: 05435 954200 • www.boerstel.de • Führungen ganzjährig nach vorheriger Terminabsprache Mo.–Fr. 8–12 Uhr

4 BRAMSCHE S. 98

Bramsche erhielt zwar erst 1929 die Stadtrechte, doch bereits um 1600 herrschte hier ein kleinstädtischer Charakter. Seitdem blühte das Bramscher Weberhandwerk auf. 1586 wurde eine eigene Tuchmachergilde gegründet und im 19. Jh. entstanden zahlreiche industrielle Webereien. Berühmt war seit dem 18. Jh. das „Bramscher Rot", das vor allem für die Uniformen der hannoverschen und englischen Soldaten verwendet wurde. Das Tuchmachermuseum (S. 135) erinnert noch an die Blütezeit. In der romanischen Martinskirche aus dem frühen 13. Jh. residierten von 1256 bis 1489 die Quakenbrücker Stiftsherren. Um die Mitte des 15. Jh.s kam der Chor hinzu, innen sind schöne spätgotische Malereien erhalten.

www.bramsche.de

5 KALKRIESE S. 98

In Kalkriese wurde Weltgeschichte geschlagen. Seit 1987 wird hier ein antikes Schlachtfeld ausgegraben – sehr wahrscheinlich der Ort

Alte Rentei von Schloss Hünnefeld bei Bad Essen

der Varusschlacht im Jahr 9. n. Chr. Tatsächlich erstreckte sich das Schlachtfeld wohl über mehr als 20 Kilometer entlang des Wiehengebirges. Seit dem Jahr 2002 gewährt ein großes Museum (S. 135) Einblick in die archäologischen Untersuchungen. Mit dem Museum der eisenzeitlichen Schnippenburg aus dem 3. und 2. Jh. v. Chr. und dem Eisenzeithaus (S. 136) liegen zwei weitere archäologische Highlights der Region nur wenig entfernt.

www.kalkriese-varusschlacht.de

6 BAD ESSEN S. 98

Ein Besuch in Bad Essen lohnt allein schon ob des wunderschönen von Fachwerkhäusern gesäumten Kirchplatzplatzes mit der schönen Nikolauskirche aus dem 14. und 15. Jh. Tiefe Solequellen werden in Bad Essen ans Tageslicht gefördert und zu edlen Salzprodukten verarbeitet. In der Solearena im Kurpark sorgt das Salzwasser aber kostenlos für freie Atemwege.

Nördlich von Bad Essen liegen zwei sehenswerte Schlösser: Um die Ippenburg schlägt das Herz der deutschen Gartenfestivals. Zehntausende besuchen an den geöffneten Wochenenden die Gärten des 1862 bis 1867 im Stil englischer Neogotik errichteten Schlosses. Das dreiflügelige Schloss Hünnefeld gibt mit seinen Bauten des 17. Jh.s, dem Park und den Alleen noch einen guten Eindruck, wie die zahlreichen Rittersitze des Osnabrücker Landes einst aussahen.

Weit zurück in die Erdgeschichte führen die Saurierspuren bei Barkhausen. Vor etwa 150 Millionen Jahren spazierten hier Saurier an den Gestaden eines Meeres und hinterließen ihre später verstei-

Burg Holte, hier die Kapelle, ist auch als Ruine noch eindrucksvoll

nerten Fußspuren, die sich heute in einer senkrecht aufgefalteten Felswand bewundern lassen. Zu erreichen ist das Naturdenkmal von einem ausgeschilderten Wanderparkplatz an der Straße von Barkhausen nach Melle-Buer.

www.badessen.info • www.ippenburg.de • www.schloss-huennefeld.de • www.gartentraumtour.de

7 BURG HOLTE S. 98

Das Holter Tal mit der malerisch im Wald gelegenen Burgruine der Edelherren von Holte lädt zu einem der schönsten Abstecher in das Osnabrücker Bergland ein. Innerhalb einer älteren Wallbefestigung errichteten die Edelherren um 1100 ihre mächtige Höhenburg, deren Reste vor Ort sehr gut erläutert sind. Vielleicht schon um 1100 wurden die Ringmauer und der gewaltige Rundturm mit einem Durchmesser von 16 Metern erbaut – einer der mächtigsten Türme der Zeit. Im 12. Jh. entstanden der Palas an der östlichen Ringmauer und die Kapelle im Westen neben dem Tor. Bereits in der zweiten Hälfte des 13. Jh.s wurde die Burg aber verlassen und verfiel. Ebenso reizvoll ist ein Besuch des Dorfes Holte mit dem malerischen Kirchplatz. An jedem 3. Adventswochenende öffnet hier einer der schönsten Weihnachtsmärkte im weiten Umkreis.

www.bissendorf.de

8 BAD ROTHENFELDE S. 98

Dem Salz verdankt Bad Rothenfelde seine Existenz. Der Osnabrücker Fürstbischof Ernst August II., dem sehr an der wirtschaftlichen Entwicklung seines Landes gelegen war, legte hier 1725 eine Saline an. Von der Salzgewinnung zeugen

Imposant liegen Schloss und Kloster Iburg über Bad Iburg

die beiden großen Gradierwerke von 1773 und 1824, das jüngere ist mehr als 400 Meter lang. Dank der Heilwirkung der Sole entwickelte sich Rothenfelde zu einem bedeutenden Kurort, von dessen Blüte noch Bauten des 19. und. 20 Jh.s zeugen. Seit 2007 werden die Gradierwerke alle zwei Jahre von September bis Februar zur Projektionsfläche von Lichtkünstlern, die sich an der Rothenfelder Lichtbiennale beteiligen.

www.lichtsicht-biennale.de

9 SCHLOSS IBURG S. 98

Über dem gleichnamigen Kurort thront übermächtig der Doppelbau aus dem 1803 aufgehobenen Benediktinerkloster und dem Schloss Iburg; bis zum Bau des Osnabrücker Schlosses war es die wichtigste Residenz der Bischöfe. Bischof Benno II. (1068–1088), ein enger Vertrauter und Baumeister Kaiser Heinrichs IV., ließ den Berg befestigen und gründete auf der Ostseite des Bergplateaus das Kloster. Wenig ist über die frühen Bauten von Burg und Kloster bekannt, allein die Kirche geht in ihren ältesten Teilen auf die Gründungszeit zurück und ein Turmrest am westlichen Sporn könnte vielleicht von der ersten Burganlage Bennos stammen. Eine archäologische Entdeckung ist ein großer Achteckturm von gut 18 Metern Durchmesser, der in die letzten Jahrzehnte des 12. Jh.s datiert wird, als die Burg in den Händen der Grafen von Tecklenburg als Osnabrücker Vögten lag. Der heutige achteckige Bergfried wurde Ende des 15. Jh.s inmitten des älteren Turmes erbaut. In seinem Inneren sind noch Zellen erhalten, in denen 1534 Abgesandte der Münsteraner Täufer gefangen saßen. Die heutige Schlossanlage geht auf die Bischöfe Phillip Sigismund (1591–1623) und Franz Wilhelm von Wartenberg (1625–1661) zurück. Franz Wilhelm sorgte für die Ausgestaltung des Rittersaales mit einer Galerie der Osnabrücker Bischöfe und einer an die Münchner Residenz erinnernden Deckengestaltung. Das Kloster wurde zwischen 1750 und 1755 nach Plänen des Münsteraner Baumeisters Johann Conrad Schlaun vollständig neu errichtet. Heute dienen Schloss und Kloster als Verwaltungssitz und Amtsgericht, beherbergen aber auch ein Museum (S. 136).

www.badiburg.de • Schlossführungen Sa./So. 15 Uhr

10 RUND UM DEN HÜGGEL S. 98

Wie der Piesberg im Norden (S. 91) ist auch der Hüggel in Hagen südlich von Osnabrück ein durchlöcherter Berg. Schon im 13. Jh. hatte der Osnabrücker Bischof das Recht, hier Silber abzubauen. Wie erfolgreich und umfangreich der Silberbergbau war, ist jedoch unbekannt, unter Ernst August II. wurde er 1722 noch einmal in Angriff genommen, aber bald wieder eingestellt. Die tiefen Löcher im Hüggel stammen dagegen von Steinbrüchen und Eisenerz-Tagebauen. Steine wurden im Hüggel schon im Mittelalter für den Osnabrücker Dom und das Rathaus abgebaut. Das hochwertige Eisenerz des Hüggels veranlasste den hannoverschen König Georg V.

Alte Steinbrüche und Tagebaue durchziehen den Hüggel

1855, einige Kilometer südöstlich eine Eisenhütte einzurichten: die Georgsmarienhütte, aus der die gleichnamige Stadt hervorging. Eine Geschichte, die im Museum Villa Stahmer (S. 137) anschaulich dargestellt ist. Im Hüggel erläutert ein Rundweg die Geologie und Industriegeschichte des Berges. An düstere Zeiten mahnt der zum Eisenerzbergwerk gehörende Augusta-Schacht am Nordhang. Eine Gedenkstätte erinnert hier an das einstige Arbeitserziehungslager der Osnabrücker Gestapo (S. 135).

www.hasbergen.de

11 TECKLENBURG S. 98

Tecklenburg zeigt sich als romantisches Bergstädtchen mit schönen Fachwerkhäusern, wie es vielleicht nur wenige hier im Nordwesten vermuten würden. Beherrscht wird es von der Burg der gleichnamigen Grafen auf dem höchsten Punkt des Bergkammes. Von hier fällt der Teutoburger Wald steil nach Süden zum Münsterland hin ab – bei gutem Wetter sind die Kirchtürme von Münster zu sehen. Die dem Haus Saarbrücken entstammenden Grafen kamen im frühen 12. Jh. nach Westfalen und benannten sich nun nach ihrem neuen Sitz. Der Name ist übrigens recht profan, denn Tecklenburg bedeutet wohl „Ziegenburg" oder „Burg auf dem Ziegenberg". Über das Aussehen der Burg in der Frühzeit ist anders als in Holte (S. 103) nichts bekannt. Die heute sichtbaren Bauten entstammen wie das Tor von 1685 fast sämtlich dem Festungsbau des 16. und 17. Jh.s. Der Wierturm im Süden der Burg wurde 1884 als Aussichtsturm erbaut. Am nordöstlichen Hang neben der Stadtlegge befindet sich der Zugang zu einer kuppelartigen Batterie aus dem frühen 16. Jh. mit vier Geschützständen, die schon vor 1577 aufgegeben und verschüttet wurde. Im Inneren der Burg liegt heute die Freilichtbühne Tecklenburg (S. 137).

www.tecklenburg.de

12 RHEDA-WIEDENBRÜCK S. 98

Der Ausflug nach Wiedenbrück lohnt sich, schon Otto III. weilte hier 985 als Knabe mit seiner Mutter Theophanu. Die Straßen der zweitältesten Stadt des einstigen Hochstifts Osnabrück säumen wunderschöne Fachwerkhäuser und immer wieder begegnet das Rad als Symbol der einstigen Verbindung zu Osnabrück. Im Zentrum steht die dem Heiligen Ägidius und Bistumsgründer Karl dem Großen geweihte Stiftskirche aus dem 13. Jh. mit einem schönen gotischen Chor und dem zu Beginn des 16. Jh.s errichten Hallenlanghaus. An die im 15. Jh. neu erbaute Marienkirche wurde 1644 das noch erhaltene Franziskanerkloster angebaut. Im 19. und frühen 20. Jh. war Wiedenbrück ein bedeutendes Zentrum sakralen Kunstschaffens. In einer der Werkstätten befindet sich ein Museum zu dieser sogenannten Wiedenbrücker Schule und der Stadtgeschichte (S. 137).

Wer Wiedenbrück besucht, darf Rheda nicht vergessen. Das Schloss, seit dem 17. Jh. Residenz der Fürsten zu Bentheim-Tecklenburg, birgt ein wundervolles Bauwerk der Stauferzeit, wie es sonst in Westfalen nicht zu finden ist. Um 1200 ließ Hermann II. zur Lippe den mächtigen Torturm mit einer doppelgeschossigen Kapelle erbauen, die den hohen Herrschaftsanspruch der lippischen Edelherren repräsentiert. Aus dem 13. Jh. stammt auch der ehemalige Wohnturm. Zwischen beiden Türmen liegen die in der Renaissance und im Barock errichteten Schlossflügel.

Steinweg 16 • 33378 Rheda-Wiedenbrück • www.schloss-rheda.de • Schlossführungen Juni–Okt. So. 14 Uhr

► Zahlreiche Fachwerkhäuser säumen die Gassen des malerischen Bergstädtchens Tecklenburg

viribus unitis
Credo, quia absurdu
Mauer Blümchen
sthaus
no 1560

KLEINE STADTGESCHICHTE

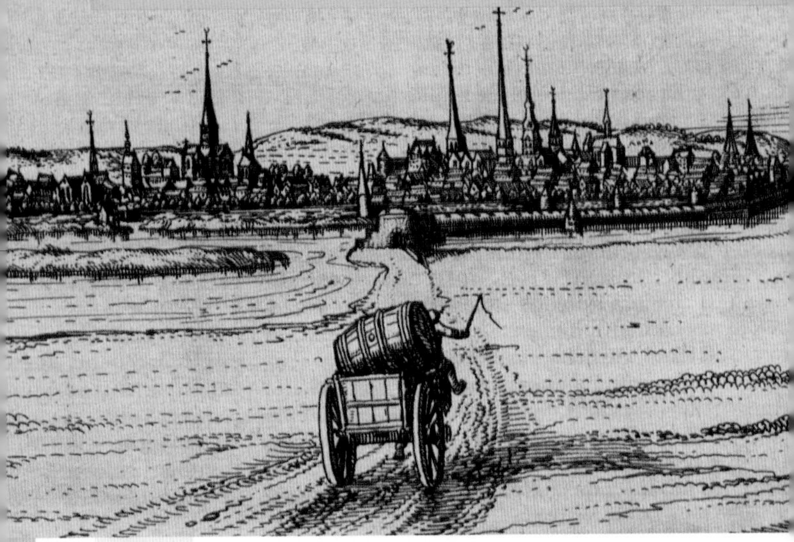

vor 787 Weihe der ersten Missionskirche durch Bischof Agilfrid von Lüttich (765–787).

nach 800 Einrichtung des Bistums Osnabrück durch Karl den Großen unter Bischof Wiho.

1002 Kaiser Heinrich II. verleiht Bischof Othilulf das Markt-, Münz- und Zollrecht für Osnabrück.

1011 Bischof Thietmar gründet das Kollegiatstift St. Johann.

1079 Osnabrück wird in einer Urkunde Kaiser Heinrichs IV. erstmals als „civitas" (Stadt) bezeichnet.

1157 Friedrich Barbarossa besucht Osnabrück, der einzig bekannte mittelalterliche Herrscheraufenthalt in der Stadt.

1171 Friedrich Barbarossa verleiht den Osnabrücker Bürgern das Privileg, nur vor dem Stadtgericht nach ihrem Recht oder vor dem König selbst angeklagt zu werden. Auf dem Privileg kann die Stadt später eine faktisch reichsunmittelbare Stellung behaupten.

1225 Bischof Engelbert von Isenberg verkauft den Bürgern die Hälfte des niederen Stadtgerichtes und das Recht, den Stadtrichter zu wählen.

1236 Mit Unterstützung der Stadt erwirbt Bischof Konrad von Velber die Vogtei über Stadt und Stift von den Tecklenburger Grafen und gewährt den Bürgern weitgehende Rechte.

um 1240 Unter Bischof Konrad von Velber oder Engelbert von Isenberg wird die Neustadt Osnabrück um St. Johann gegründet.

1246 Osnabrück und Münster schließen zum gegenseitigen Schutz in Ladbergen einen der ersten deutschen Städtebünde, dem auch Coesfeld, Herford und Minden beitreten.

1280 König Rudolf von Habsburg bestätigt das ihm in Wien vorgelegte Privileg von 1171 sowie unbesehen ein angebliches Befestigungsprivileg Barbarossas, das vermutlich nicht existierte.

1307 Alt- und Neustadt Osnabrück vereinigen sich zu einer Stadt, bleiben in ihrer Verwaltung aber bis 1808 weitgehend selbstständig.

1348 Rat und Bürgerschaft beschließen die „Sate“, die bis zum 19. Jh. die Ratswahl ordnet.

1350 Nachdem die Pest Osnabrück erreicht hat, kommt es zu einem schweren Pogrom und zur Auslöschung der ersten jüdischen Gemeinde.

1424 Mit einer dreitägigen Belagerung des Doms, erzwingen Stadt und Ritterschaft die Beteiligung an der Bischofswahl, können dies aber nicht dauerhaft durchsetzen.

1525 Im Oberg-Aufruhr sind erste reformatorische Forderungen der Bürger zu vernehmen.

1530 Ein großer Brand soll über 1.000 Gebäude in der Stadt zerstört haben. Als Strafe Gottes angesehen, bremst er zunächst reformatorische Bestrebungen.

1543 Mit Zustimmung des Bischofs Franz von Waldeck führt der Osnabrücker Rat die Reformation in der Stadt ein.

1583 Unter Bürgermeister Hammacher erreicht die Hexenverfolgung ihren Höhepunkt, innerhalb weniger Monate sterben 121 Opfer auf dem Scheiterhaufen.

1613 Ein am Heger Tor ausgebrochener Brand zerstört über 170 Häuser in der nordwestlichen Altstadt.

1628–1633 Unter Franz Wilhelm von Wartenberg beginnt die Rekatholisierung Osnabrücks, mit der schwedischen Besetzung scheitert der Versuch jedoch.

1644–1648 In den als neutral erklärten Städten Münster und Osnabrück tagt der erste große Friedenskongress, der zum Westfälischen Frieden und zum Ende des Dreißigjährigen Krieges führt.

1764 Mit der Wahl Friedrichs von York zum Fürstbischof beginnt Osnabrücks Bindung an Großbritannien.

1802 Das Hochstift wird in ein weltliches Fürstentum umgewandelt und in Personalunion mit dem Kurfürstentum Braunschweig-Lüneburg regiert.

1806 Für ein Jahr ist Osnabrück preußisch.

1807 Osnabrück gehört zum Königreich Westphalen (1807–1810).

1811–1813 Osnabrück wird Teil des Kaiserreichs Frankreich und Sitz des Departements Ober-Ems.

1814/15 Auf dem Wiener Kongress wird Osnabrück dem Königreich Hannover zugeschlagen.

1866 Nach der Niederlage im deutschen Krieg fällt Osnabrück mit dem Königreich Hannover an Preußen.

1939 Osnabrück erreicht die 100.000-Einwohner-Marke und wird zur Großstadt.

1944 Am 13. September geht im schwersten Bombenangriff auf die Stadt das alte Osnabrück unter.

1972 In der Gebietsreform vergrößert sich Osnabrück nur wenig. Stattdessen wächst seitdem der Speckgürtel um die Stadt.

1998 Zum 350. Jubiläum des Westfälischen Friedens versammeln sich in Osnabrück und Münster alle Staatsoberhäupter der am Dreißigjährigen Krieg beteiligten Staaten.

Das Osnabrücker Wappen am Giebel der Stadtwaage

Olle Ilse

GASTRONOMIE

Das kulinarische Angebot ist reich und reicht mit dem „la vie“ bis in die Spitze der deutschen Restaurants. Café-Kultur wird großgeschrieben und sonnige Plätze dazu finden sich auf dem Markt und dem Nikolaiort. Abends locken die Kneipen im Heger-Tor-Viertel oder selbst gebrautes Bier im Rampendahl.

REGIONAL UND RUSTIKAL

1 Alte Gaststätte Holling Traditionelles Gasthaus mit über 200-jähriger Tradition. Hasestraße 53 • Tel.: 0541 9989400 • www.gaststaette-holling.de • Di.–Fr. ab 17 Uhr, Sa. ab 11.30 Uhr

2 Alte Posthalterei Bayrische Küche in großem Renaissancehof. Hakenstraße 4 • Tel.: 0541 22292 • www.posthalterei-osnabrueck.de • Di.–Fr. ab 11 Uhr

3 Café-Restaurant am Rubbenbruchsee Schön am Rubbenbruchsee gelegen mit gutbürgerlicher Küche und saisonalen Angeboten. Barenteich 2 • Tel.: 0541 127433 • www.rubbenbruchsee.eu • tägl. ab 11 Uhr

4 Gasthof Knollmeyer Gutbürgerliche Küche mit großem Biergarten neben der alten Wassermühle im Nettetal. Nettetal 4 • 49134 Wallenhorst-Rulle • Tel.: 05406 4432 • www.gasthaus-knollmeyer.de • Mo.–Fr. ab 15 Uhr, Sa. ab 14 Uhr, So. ab 11 Uhr

◀ Rund um das Heger-Tor-Viertel schlägt abends das Herz des Osnabrücker Kneipenlebens

5 Hausbrauerei Rampendahl Kräftiges Bier und deftige Küche im alten Stadthof der Johanniter-Kommende Lage, das Original-Rampendahl stand im Mittelalter allerdings in der Johannisstraße. Hasestraße 35 • Tel.: 0541 24535 • www.rampendahl.de • Mo.–So. ab 11 Uhr

6 1. Osnabrücker Kartoffelhaus Alles rund um die tolle Knolle, auch vegan. Bierstraße 38 • Tel.: 0541 21172 • Mo.–So. ab 12 Uhr

7 Pfannkuchenhaus Nicht nur, aber vor allem Pfannkuchen. Lotter Straße 22 • Tel.: 0541 47620 • Di.–Sa. 18–24 Uhr, So. 12–14.30/18–14 Uhr

8 Ratskeller Lutter & Wegner Gehobene bürgerliche Küche im historischen Ratskeller. Markt 30 • Tel.: 0541 99899733 • www.l-w-osnabrueck.de • Mo.–So. ab 11 Uhr

9 Walhalla Gehobene bürgerliche Küche mit regionalem Einschlag in einem Bürgerhaus des 17. Jh.s. Bierstraße 24 • Tel.: 0541 34910 • www.hotel-walhalla.de • Mo.–So. 12–14.30/18–22 Uhr

10 Weinkrüger Weinlokal und Restaurant mit breiter Auswahl. Marienstraße 18 • Tel.: 0541 23353 • www.weinkrueger.de • Mo.–Fr. 12–14.30/17–1 Uhr, Sa./So. 12–1 Uhr

11 Zinnober Deutsch-mediterrane Küche im alten Rathaus der Neustadt aus dem 14. Jh. Johannisstraße 37/38 • Tel.: 0541 5806077 • www.zinnober-os.de • Mo.–Fr. ab 11.30 Uhr, Sa. ab 17 Uhr

12 Zur alten Eversburg Gute Küche mit großem Biergarten, schön an den Hasewiesen gelegen. Die Eversburg 43 • Tel.: 0541 124127 • www.zuralten eversburg.de • Apr.–Sept. Mi.–Fr. ab 15 Uhr, Sa./So. ab 11 Uhr, Okt.–März Mi.–Sa. ab 16 Uhr, So. ab 11 Uhr

INTERNATIONAL

13 Alimentari Sowohl Restaurant wie italienisches Spezialitäten- und Weingeschäft. Lotter Straße 118 • Tel.: 0541 4099899 • www.alimentari-os.de • Mo.–Do. ab 17.30 Uhr, Fr. 12–14.30/ab 17.30 Uhr

14 Almani Empfehlenswerter Grieche in schöner Lage am Heger Tor. Hegerstraße 35 • Tel.: 0541 99897828 • www.almani.de • Di.–Sa. ab 18 Uhr, So. 12–15/ab 18 Uhr

15 Arabesque Arabische Küche, libanesische Weine. Osterberger Reihe 12 • Tel.: 0541 260363 • www.arabesque-osnabrueck.de • Di.–Do. 11–23 Uhr, Fr./Sa. 11–23.30 Uhr, So. 11–22.30 Uhr

16 Ashoka Indische Küche aus dem Tonofen und großes vegetarisches Angebot. Herrenteichstraße 1 • Tel.: 0541 260505 • Mo.–So. 18–23.30 Uhr

17 Atlantico Portugiese mit gut ausgewählter Fischkarte. Sutthauser Straße 91 • Tel.: 0541 2005503 • www.restau rante-atlantico.de • Di.–Sa. ab 18 Uhr

18 Brasserie Saunus Klein-Paris in Osnabrück – die Adresse für einfache aber gute französische Küche. Hasestraße 62 • Tel.: 0541 38091313 • www.brasserie-saunus.de • Di.–Sa. ab 18 Uhr

19 Caféteria-Trattoria Am Rathaus Gute Küche, viele vegetarische und vegane Gerichte und im Sommer der schönste Platz auf dem Markt. Markt 8 • Tel.: 0541 21321 • www.grandios24.de • Mo. 17–23 Uhr, Di.–So. 11–15/17–23 Uhr

20 Goldener Drache Chinesische Küche mit großem Mittags- und Abendbuffet. Herrenteichstraße 1 • Tel.: 0541 75042497 • So.–Fr. 11.30–14.30 Uhr, Sa. 17.30–22.45 Uhr

21 Ichiban Sushi Sehr gutes Sushi. Kamp 80 • Tel.: 0541 2599504 • www.ichiban-sushi-chami.de • Mo.–Fr. 11–20 Uhr, Sa. 11–18 Uhr

22 Il Capriccio Sehr gute italienische Küche jenseits von Pizza. Bierstraße 2 • Tel.: 0541 5979779 • www.ristorante-ilcapriccio.de • Do.–Di. 12–23 Uhr

23 La Vecchia Citta Einer der besten Italiener der Stadt. Bierstraße 32 • Tel.: 0541 25006 • www.lavecchiacitta.de • Di.–So. 12–14.30/18–24 Uhr

24 Lotusgarten Chinesische Küche am Dom mit wechselnder Mittagskarte. Domhof 7 • Tel.: 0541 22123 • Mi.–Mo. 11.30–15/17.30–24 Uhr

25 Lukullos Griechische Küche. Hasestraße 8 • Tel.: 0541 2027372 • www.osnabruecklukullos.de • Mo.–So. 17–22 Uhr

26 Maredo Steakhaus am Markt mit wechselndem Mittagstisch. Markt 13–14 • Tel.: 0541 29098 • www.maredo.de • So.–Do. 11.30–23 Uhr, Fr./Sa. 11.30–23.30 Uhr

27 Osnabrücker Pizzahaus Große Pizzaauswahl. Markt 25 • Tel.: 0541 33094 74 • www.osnabruecker-pizzahaus.de • Mo.–So. 11–24 Uhr

28 Planeta Sol Brasilianisches Restaurant. Bergstraße 8 • Tel.: 0541 685238 • www.planetasol.de • Mo.–Sa. 17.30–1 Uhr

29 Saro Tolle Tapas und mehr. Kamp 8 • Tel.: 0541 80019677 • www.sarotapas.de • Mo.–So. 17–1 Uhr

30 Taj Mahal Indische Küche. Dielingerstraße 29 • Tel.: 0541 3574448 • www.tajmahalosnabrueck.de • Mo.–So. 12–15/17.30–23.30 Uhr

31 Vapiano Pasta, Pizza und Salate zum Selbstzusammenstellen. Herrenteichsstraße 7–13 • Tel.: 0541 3303655 • www.vapiano.de • Mo.–So. 10–1 Uhr

DAS BESONDERE

32 Fricke-Blöcks Der Geheimtipp für Gourmets mit vorzüglicher Küche zu angemessenen Preisen. Herderstraße 26 • Tel.: 0541 75042008 • www.fricke-bloecks.de • Di.–Sa. ab 18 Uhr

33 Friedrich Ein neuer Stern am Osnabrücker Gastronomiehimmel. Zu den Klassikern gehört hier mittlerweile das Original Wiener Schnitzel. Lotter Straße 99 • Tel.: 0541 96380899 • www.friedrich-osnabrueck.de • Di.–Fr. 17–22 Uhr, Sa./So. 12–22 Uhr

34 Gezeiten Fischspezialisten im alten Eversburger Bahnhof – mit großem Meereswasseraquarium. Am Eversburger Bahnhof 2 • Tel.: 0541 91167371 • www.restaurant-gezeiten.de • Mi.–Sa. ab 17 Uhr, So. 11–14/ab 17 Uhr

35 la vie Das Gourmet-Restaurant schlechthin in Osnabrück. Mit seinen drei Sternen bietet es eine der besten Küchen Deutschlands und wurde 2014 zu einem der zehn besten Restaurants weltweit gewählt. Krahnstraße 1–2 • Tel.: 0541 331150 • www.restaurant-lavie.de • Di.–Sa. ab 19 Uhr, Fr./Sa. ab 12 Uhr

36 Steakmeisterei Steaks in erlesener Qualität, bestes Fleisch aus der Region. Rolandsmauer 23 • Tel.: 0541 58049744 • www.steakmeisterei.de • Di.–So. ab 18 Uhr

37 Tatort-Engels Ständig wechselnde, individuelle Gerichte, auch mit regionalem Bezug. Adolfstraße 40 • Tel.: 0541 6687319 • www.tatort-engels.de • Di.–Sa. ab 18 Uhr

GUT UND GÜNSTIG

38 Bistro de la Cameleer Mediterrane und orientalische Küche. Bierstraße 15 • Tel.: 0541 7503935 • www.bistro-de-la-cameleer.de • Mo.–Mi. 11–22 Uhr, Do.–Sa. 11–23 Uhr, So. 16.30–22 Uhr

39 Calimero – Cucina Italiana Familiär, gemütlich und einfach gut – der Tipp unter Osnabrücks Pizzerien. Lotter Straße 103 • Tel.: 0541 2003282 • Di.–So. 17–22 Uhr

40 Fischrestaurant Helgoland Gute, günstige Fischauswahl. Große Hamkenstraße 21 • Tel.: 0541 26696 • www.fischrestaurant-helgoland.de • Mo.–Fr. 10.30–19 Uhr, Sa. 10.30–18 Uhr

41 L+T Markthalle Verschiedene Angebote für den kleinen oder größeren Hunger zwischendurch. Große Straße 27–32 • Tel.: 0541 33113444 • www.l-t-markthalle.de • Mo.–Sa. 9.30–19 Uhr

42 Rosendahls Etwas versteckt gelegen, aber mehr als ein Geheimtipp mit kleiner auch vegetarischer und veganer Karte. Grüner Brink 9 • Tel.: 0541 5806960 • www.rosendahls.de • Mo.–Fr. 9–18 Uhr, Sa. 9–16 Uhr

43 Zum Drehspieß Der etwas andere türkische Imbiss mit reicher, auch vegetarischer Auswahl. Große Hamkenstraße 19 • Tel.: 0541 99867030 • Mo.–Do. 10–23 Uhr, Fr./Sa. 10–2 Uhr, So. 12–22 Uhr

CAFÉS UND BISTROS

44 Alex Internationale Küche mit sonnigen Plätzen auf dem Nikolaiort. Nikolaiort 1–2 • Tel.: 0541 97050370 • www.dein-alex.de • Mo.–Do. 8.30–24 Uhr, Fr./Sa. 8.30–2 Uhr, So. 9–24 Uhr

45 Barösta Kaffee aus eigener Röstung, Bioprodukte. Redlingerstraße 1 • Tel.: 0541 77066946 • www.baroesta.de • Mo.–Sa. 8–19 Uhr, So. ab 11–18.30 Uhr

46 BlumenCafé Reizvolle Verbindung aus Blumenladen und kleinem Café. Schräg hinter dem Rathaus können Frühaufsteher hier wochentags die erwachende Stadt beobachten. Bierstraße 13 • Tel.: 0541 20068072 • www.blumencafe.business.site • Mo.–Fr. 6.30–18 Uhr, Sa./So. 11–18 Uhr

47 Bottled – Café und Flaschenbar Direkt neben dem schönsten Innenstadt-Spielplatz. Osterberger Reihe 10 • Tel.: 0541 3504504 • Mo.–So. ab 9 Uhr

48 Café am Markt Gute Kuchen- und Tortenauswahl samt schöner Sonnenplätze auf dem Markt. Am Markt 26 • Tel.: 0541 26935 • www.cafe-am-markt.com • Mo.–Sa. 8.30–18.30 Uhr, So. 9–18.30 Uhr

49 Café & Bar Celona Flair südeuropäischer Metropolen. Nikolaiort 6 • Tel.: 0541 3356956 • www.cafe-bar-celona.de • Mo.–Do. 8–1 Uhr, Fr./Sa. 8–2 Uhr, So. 9–1 Uhr

50 Café Extrablatt Bei kleinen Snacks, typischem Schümli-Kaffee, Cocktails oder Bier relaxen. Jürgensort 4 • Tel.: 0541 260639 • www.cafe-extrablatt.com • Mo.–Sa. 8–1 Uhr, So. 9–1 Uhr

51 Café Kunststück Bistro und Galerie gehen hier eine Verbindung ein, Spezialität auf der Karte ist Flammkuchen. Kamp 45 • Tel.: 0541 3354973 • Mo.–Do. 9–23 Uhr, Fr./Sa. 10–2 Uhr, So. 10–23 Uhr

52 Café Läer Bio-Produkte in historischem Bürgerhaus von 1533. Krahnstraße 4 • Tel.: 0541 22244 • Mo.–Fr. 7.30–18 Uhr, Sa. 7.30–16 Uhr

53 Café Leysieffer Die Edel-Confiserie mit Ruf weit über Osnabrück hinaus. Krahnstraße 41 • Tel.: 0541 338150 • www.leysieffer.de • Mo.–Fr. 8.30–18 Uhr, Sa. 8–14 Uhr

54 Creperie Schön am Markt mit sonnigen Plätzen. Markt 24 • Tel.: 0541 22715 • Mo.–So. 11.30–23 Uhr

55 Cup&Cino Mitten in der Fußgängerzone über der Hase gelegen. Georgstraße 7 • Tel.: 05415 809218 • www.cupcino.de • Mo.–Mi. 8.30–21 Uhr, Do. 8.30–22 Uhr, Fr./Sa. 8.30–1 Uhr, So. 9.30–19 Uhr

56 Eiscafé Fontanella Eine der besten Eisdielen der Stadt. Krahnstraße 50 • Tel.: 0541 25427 • www.fontanella-eiscafe.de • Mo.–So. 10–22 Uhr

57 Eiscafé Rialto Neben Eis auch selbst gebackener Kuchen. Hasestraße 5 • Tel.: 0541 21494 • Mo.–Sa. 10–22.30 Uhr, So. 14–22.30 Uhr

58 Eiscafé Toscani Traditionsreiches Osnabrücker Eiscafé in moderner Umgebung. Kamp 48 a • Tel.: 0541 3574666 • Mo.–So. ab 9 Uhr

59 Ferdinands Kaffeerösterei Kaffee aus eigener Rösterei und selbst gebackener Kuchen. Lohstraße 29 • Tel.: 0541 60081440 • www.ferdinands-os.de • Di.–Fr. 12–17 Uhr, Sa. 10–16 Uhr

60 Gelateria La Luna Eiscafé am Dom. Domhof 7 b • Tel.: 0541 3809 1245 • www.gelateria-laluna.de • Mo.–So. ab 10 Uhr

61 Herr von Butterkeks Mitten im Katharinenviertel mit sonnigen Plätzen auf dem Bürgersteig. Café und kleine Gerichte (auch vegan). Dazu von Zeit zu Zeit verschiedene Kulturveranstaltungen. Augustenburger Straße 2 • Tel.: 0541 80019050 • Mo. 12–19 Uhr, Di.–Sa. 10–19 Uhr, So. 13–19 Uhr

62 Il Paradiso Der beste Platz, um entspannt das Treiben am Markt zu beobachten. Markt 22 • Tel.: 0541 9706666 • www.ilparadiso.de • Di.–Fr. 17–24 Uhr, Sa. 9–24 Uhr, So. 11–21 Uhr

63 Lieblingskaffee Regional, ökologisch und fair gehandelt, alles im Laden kann auch gekauft werden. Domhof 4 c • Tel.: 0541 99899200 • www.unser-lieblingskaffee.de • Mo.–Sa. 10–18 Uhr, So. 14–18 Uhr

64 Schlecks Eis aus verschiedenen Zutaten selber machen. Alte Münze 25 a • Tel.: 0541 99895268 • www.schlecks.com • Mo.–So. 11–19 Uhr

65 Stadtgaleriecafé Café und Galerie mit wechselnden Ausstellungen und Veranstaltungen. Große Gildewart 14 • Tel.: 0541 5805420 • www.stadtgalerie-cafe.de • Di.–Sa. 9–18.30 Uhr, So. 10–17.30 Uhr

66 Zimmer Nr. 4 International mit Grillspezialitäten. Kamp 62 • Tel.: 0541 3356680 • www.zimmer-nr-4.de • Mo.–Do. 9–24 Uhr, Fr./Sa. 9–1 Uhr, So. 9.30–22 Uhr

KNEIPEN UND BARS

67 8 1/2 Kinokneipe am Hasetor-Kino. Hasestraße 71 • Tel.: 0541 2020179 • Mo.–Fr. ab 18 Uhr, Sa./So. ab 17 Uhr

68 Alte Wirtschaft Peitsche Die älteste Kneipe in der Altstadt. Hegerstraße 1 • Tel.: 0541 8005544 • Mo.–Sa. ab 18 Uhr

69 Balou im Kolpinghaus Regelmäßig Livemusik. Seminarstraße 32 • Tel.: 0541 21943 • www.balou-os.de • Mo.–So. ab 12 Uhr

70 Blue Note Bar im Cinema-Arthouse mit internationaler Küche, Livemusik, Tango-Abenden und Lesungen. Erich-Maria-Remarque-Ring 16 • Tel.: 0541 600650 • www.cinema-arthouse.de/bluenote • Fr./Sa. ab 18.30 Uhr

71 Büdchen Osnabrücks Kultbiergarten auf dem Westerberg mit Grill und Boule-Bahn. Mozartstraße 87 • Tel.: 0541 6003726 • www.buedchen-os.de • Mai–Sept. Mo.–Sa. ab 16 Uhr, So. ab 11 Uhr, Okt.–Apr. Di./Do./Fr. ab 16 Uhr, So. ab 15 Uhr

72 Grand Hotel Bar-Lounge mit verschiedenen Veranstaltungen wie sonntägliches Tatortschauen. Schlosswall 50 • Tel.: 0541 7607780 • www.dasgrandhotel.de • Di.–So. ab 19 Uhr

73 Grüne Gans Klassische und gemütliche Altstadtkneipe – Spezialität: Pfefferstück. Große Gildewart 15 • Tel.: 0541 23914 • Mo.–So. ab 18 Uhr

74 Grüner Jäger Traditionelle Studentenkneipe mit überdachtem Biergarten. An der Katharinenkirche 1 • Tel.: 0541 27360 • www.gruener-jaeger.sportkneipe.de • Mo.–So. ab 11 Uhr

75 Heimlich Sehr gute Cocktailbar, gelegen am malerischen Vitihof. Vitihof 4 • Tel.: 0541 7607780 • www.heimlich.biz • Di.–Do. 17–1 Uhr, Fr./Sa. 19–3 Uhr

76 Joe Enochs Sportsbar Fußballkneipe. Hegerstraße 4/5 • Tel.: 0541 75099750 • www.joe-enochs-sportsbar.de • Di.–Fr. ab 17 Uhr, Sa. ab 9 Uhr, So. ab 12 Uhr

77 Marktschänke Gutbürgerliche Küche. Markt 20 • Tel.: 0541 22387 • Mo.–So. ab 10 Uhr

78 Pferde haben keine Flügel Spanische Tapas. Kamp 81–83 • Tel.: 0541 2027910 • www.phkf.de • Mo.–Fr. 17–24 Uhr, Sa. 12–1 Uhr, So. 17–22 Uhr

79 PollyEsther's Tolle Bar mit internationaler Küche. Domhof 7c • Tel.: 0541 7607525 • www.pollyesthers.de • Mo.–Sa. ab 9 Uhr, So. ab 10 Uhr

80 Sausalitos Cocktailbar mit mexikanischer Küche. Kommenderiestraße 32 • Tel.: 0541 2023660 • www.sausalitos.de • So.–Do. 17–1 Uhr, Fr./Sa. 17–2 Uhr

81 Tiefenrausch Bar mit Musik von wechselnden DJs. Redlingerstraße 7 • Tel.: 0541 201397 • www.tiefenrausch.it • Mo.–Do. 12–2 Uhr, Fr./Sa. 12–3 Uhr

82 Trash Bar und Kneipe in toll und eigenwillig gestalteten Räumen zwischen 70er-Design und Jägermeister-Ecke. Meller Straße 16 • Tel.: 0541 8141304 • www.trash-os.de • Mo.–So. 19–3 Uhr

83 Unikeller Studentenkneipe im alten Schlosskeller. Neuer Graben 29 • Tel.: 0541 21698 • www.unikeller.de • Di.–Sa. ab 19 Uhr

84 Zwiebel Schöne Altstadtkneipe – ab und an Livemusik. Hegerstraße 34 • Tel.: 0541 23673 • Mo.–Sa. ab 17 Uhr

IM UMLAND

85 Café Alte Rentei Gemütliches Café an einem der schönsten Schlösser des Osnabrücker Landes. Schloss Hünnefeld • 49152 Bad Essen • Tel.: 05472 4428 • www.schloss-huennefeld.de • Fr.14–18 Uhr, Sa./So. 11–18 Uhr

86 Confiserie – Café Rabbel Hervorragende Torten und Kuchen am Tecklenburger Marktplatz. Markt 6 • 49545 Tecklenburg • Tel.: 05482 219 • www.cafe-rabbel.com • Mo.–So. 9–18 Uhr

87 Das Kleine Haus Schöne Teestube und Café am Kirchplatz in Bad Essen. Kirchplatz 29 • 49152 Bad Essen • Tel.: 05472 2878 • www.kleineshaus-badessen.de • Mo.–So. 9–18 Uhr

88 Haus Surendorf Sehr gute deutsche Küche mit saisonalen Schwerpunkten – auch empfehlenswertes Hotel. Dinglingsweg 1 • 49565 Bramsche • Tel.: 05461 93020 • www.hotelsurendorff.de • Mo.–So. 11.30–14/ 17.30–22 Uhr

89 Hof Elting-Bußmeyer Restaurant und Café auf einem alten Artländer Bauernhof. Vehser Straße 7 • 49635 Badbergen • Tel.: 05433 279 • www.hof-elting.de • Mai–Sept. Mi.–Fr. ab 12 Uhr, Okt.–Apr. Mi.–Fr. ab 15 Uhr, Sa. ab 12 Uhr, So. ab 9.30 Uhr

90 Hotel Restaurant Ratskeller Gutes Restaurant in altem Wiedenbrücker Fachwerkhaus direkt am Markt gelegen. Markt 11/Lange Straße 40 • 33378 Rheda-Wiedenbrück • Tel.: 05242 9210 • www.ratskeller-wiedenbrück.de • Mo.–Sa. 10–24 Uhr

91 Ristorante Vicianum Gutes italienisches Restaurant mit großem Garten zum Speisen. Von Bar Straße 1 • 49565 Bramsche • Tel.: 05468 939663 • www.vicianum.de • Di.–Sa. 17–23 Uhr, So. 12–14.30/17–23 Uhr

92 Weinkeller am Hanseplatz Gourmetrestaurant im alten Gewölbekeller mit wechselnder Karte. Schlossstraße 10 • 49186 Bad Iburg • Tel.: 05403 796390 • www.weinkeller-badiburg.de • Di.–So. ab 18 Uhr

KAMP PROMENADE

EINKAUFEN

Fast alle großen Ketten finden sich in der Fußgängerzone rund um die Große Straße vertreten. Doch Osnabrück bietet mehr: Es gibt sie hier noch zahlreich, die kleinen lokalen Geschäfte. Gerade ein Abstecher in die Krahnstaße oder die Redlingerstraße lohnt immer – hier schlägt das wahre Herz der Einkaufsstadt Osnabrück. Eine kleine, aber feine Auswahl an Läden finden Sie hier.

1 34/19 Organic Clothing Fair gehandelte und ökologisch unbedenkliche Kleidung muss nicht langweilig sein. Redlingerstraße 19 • Tel.: 0541 76099470 • www.34-19.de • Mo.–Sa. 11–18.30 Uhr

2 Altstädter Bücherstuben Gemütlich bei einer Tasse Espresso nach seinen Lieblingsbüchern stöbern. Bierstraße 37 • Tel.: 0541 26391 • www.altstaedter-buecherstuben.de • Mo.–Fr. 9.30–18 Uhr, Sa. 9.30–14 Uhr

3 Buchhandlung Heinrich Eicholt Johannisstraße 102 • Tel.: 0541 220 36 • www.buchhandlung-eicholt.de • Mo.–Fr. 9–18 Uhr, Sa. 9–13 Uhr

4 Buchhandlung Zur Heide Osterberger Reihe 2–8 • Tel.: 0541 350880 • www.buch-zur-heide.de • Mo.–Fr. 10–19 Uhr, Sa. 10–18 Uhr

◀ Modernes Shopping ohne Mall – die Kamp-Promenade

5 Bücher Wenner Große Straße 69 • Tel.: 0541 331030 • www.buchweb.de • Mo.–Sa. 9.30–19 Uhr

6 Das Wein Cabinet Wein und Whiskey am ältesten Osnabrücker Steinwerk, verschiedene Sonderveranstaltungen. Bierstraße 7 • Tel.: 0174 9944856 • www.dasweincabinet.de • Di.–Fr. 11–14/15–18.30 Uhr, Sa. 11–17 Uhr

7 Der Kaffeeladen Hochwertige Kaffeemaschinen, Zubehör, Kaffee und ein Café, um gleich zu probieren. Krahnstraße 56 • Tel.: 0541 2052521 • www.pragerundwild.de • Mo.–Sa. 10–18 Uhr

8 Dom Buchhandlung Domhof 2 • Tel.: 0541 3573820 • www.dom-buch handlung.de • Mo.–Fr. 9.30–18.30 Uhr, Sa. 9.30–14 Uhr

9 Huneckes Puppenwelt Osnabrücks Puppenklinik schon seit 1895 mit einem Laden für Puppen und Blechspielzeug. Hasestraße 4 • Tel.: 0541 22533 • www.huneckes-puppen

WOCHENMÄRKTE

Sie finden an fast jedem Wochentag statt: Lerchenstraße Di. 8–13 Uhr; an der Johanniskirche Di. 12–18 Uhr; Ebertallee Mi. 8–13 Uhr; Katharinenkirche/Ledenhof Do. 8–13 Uhr; Am Riedenbach Fr. 8–13 Uhr; Große Domsfreiheit Sa. 8–14 Uhr • www.wochen markt-osnabrueck.de

welt.de • Di.–Fr. 9.30–13/14–18 Uhr, Sa. 9.30–14 Uhr

10 JB Modellbahnservice Ein Paradies für große und kleine Eisenbahnliebhaber. Lotter Straße 37 • Tel.: 0541 433135 • www.jbmodellbahnservice.de • Mo.–Fr. 9–13/14.30–18.30 Uhr, Sa. 9–14 Uhr

11 L+T Eines der größten inhabergeführten Modehäuser Europas, hier findet sich fast alles – einschließlich eines großen gastronomischen Angebots. Große Straße 27–32 • Tel.: 0541 331130 • www.l-t.de • Mo.–Sa. 9.30–19 Uhr

12 L'Artiste Zubehör zum Zaubern und Jonglieren, witzige Dekorationen und mehr – zu alledem noch ein Café. Hakenstraße 23 • Tel.: 0541 27513 • www.lartiste.de • Mo.–Fr. 10–19 Uhr, Sa. 10–18 Uhr

13 Leysieffer Die Edel-Confiserie mit Ruf weit über Osnabrück hinaus – die Himmlischen sind ein gutes Mitbringsel. Krahnstraße 41 • Tel.: 0541 338150 • www.leysieffer.de • Mo.–Fr. 8.30–18 Uhr, Sa. 8–14 Uhr

14 Neunte Kunst Die Comic-Buchhandlung, extrem gut sortiert. Redlingerstraße 8 • Tel.: 0541 22328 • Mo.–Fr. 10–19 Uhr, Sa. 10–16 Uhr

15 Pink Milk Bunter Laden in einer bunten Einkaufsstraße. Das Angebot reicht von Wohnaccessoires in skandinavischem Design bis zur Baby- und Kinderausstattung. Redlingerstraße 4 • Tel.: 0541 40714067 • www.pinkmilk.de • Mo.–Sa. 11–18 Uhr

16 Schäffer Alles für die Küche, gute Lebenskultur und Spielwaren. Nikolaiort 6–9 • Tel.: 0541 3313131 • www.schäffer-geschenke.de • Mo.–Sa. 10–19 Uhr

17 Shock Records & Coffee Musik auf gutem altem Vinyl, dazu ein Musik-Café. Hasestraße 66 • Tel.: 0541 61357 • www.shock-records.de • Mo.–Sa. 11–19 Uhr

18 Wein Fohs Weinhandlung in Osnabrücks schönstem Fachwerkhaus. Krahnstraße 7 • Tel.: 0541 26616 • www.wein-fohs.de • Mo.–Fr. 10–19 Uhr, Sa. 10–17 Uhr

19 Werkzeuge Hollfeld Ein klassischer Eisenwaren- und Werkzeugladen, wie es ihn nur noch selten gibt – von der einzelnen Schraube bis zum edlen Messer. Krahnstraße 8 • Tel.: 0541 22248 • www.hollfeld.com • Mo.–Fr. 10–13/14–18 Uhr, Sa. 10–14 Uhr

20 Wüsthoff Osnabrücks bester Herrenausstatter. Georgstraße 6 • Tel.: 05 41 357880 • www.wuesthoff-maenner mode.de • Mo.–Fr. 9.30–19 Uhr, Sa. 9.30–18 Uhr

▶ Nicht nur für Frühaufsteher ist der samstägliche Markt auf der Großen Domsfreiheit ein Tipp

ANNO CHRISTI 1690

ÜBERNACHTUNG

Die Osnabrücker Hotels lassen kaum einen Wunsch offen – von günstig bis luxuriös, von zentral in der historischen Altstadt bis ruhig am Stadtrand findet sich fast alles. Und wem das nicht genügt, weitere große Hotels kommen in den nächsten Jahren hinzu.

GEHOBEN BIS LUXURIÖS

1 Arcona Living Osnabrück Gehobenes 3-Sterne-Hotel in zentraler Lage am Schlossgarten. Eingerichtet im Stil der 50er und 60er Jahre. Neuer Graben 39 • Tel.: 0541 569540 • www.osnabrueck.arcona.de

2 Romantik Hotel Walhalla 4-Sterne-Hotel im Herzen der Stadt, unmittelbar hinter dem Rathaus gelegen. Bierstraße 24 • Tel.: 0541 34910 • www.hotel-walhalla.de

3 Steigenberger Hotel Remarque Großes 4-Sterne-Haus mit 139 Zimmern und 19 Suiten. Natruper-Tor-Wall 1 • Tel.: 0541 95969947 • www.steigenberger.com •

KOMFORTABLE MITTELKLASSE

4 Bergmann Boardinghaus Appartementhaus in unmittelbarer Nähe zum Dom. Eine Alternative zum Hotel für alle, die auch über eine Küche verfügen oder länger bleiben wollen. Nikolaiort 1–2 • Tel.: 0541 957120 • www.bergmann-boardinghouse.de

◄ „Walhalla", traditionsreiches Hotel mit der Pracht barocken Fachwerks

5 Dom-Hotel In ruhiger Lage nahe zum Domkreuzgang. Kleine Domsfreiheit 5 • Tel.: 0541 358350 • www.dom-hotel-osnabrueck.de

6 Hohenzollern City Spa Osnabrück Sehr gutes 3-Sterne-Haus direkt am Bahnhof. Theodor-Heuss-Platz 5 • Tel.: 0541 33170 • www.hohenzollern.advenahotels.com •

7 Hotel am Nikolaiort Inmitten der Stadt, nahe na Dom und Markt. Kamp 1 • Tel.: 0541 331300 • www.hotel-nikolaiort.de

8 Hotel Bürgerbräu Ruhige Lage außerhalb der Innenstadt. Blumenhaller Weg 41 • Tel.: 0541 404350 • www.hotel-buergerbraeu.de •

9 Hotel garni Meyer Kleines, familiäres Hotel im Zentrum der Fußgängerzone, nahe am Neumarkt. Johannisstraße 58/59 • Tel.: 0541 600310 • www.hotelmeyer.info

10 Hotel Klute Günstige Lage zwischen Katharinenviertel und Westerberg. Lotter Straße 30 • Tel.: 0541 409120 • www.hotel-klute.de

11 Hotel Welp Gutes 2-Sterne-Hotel, aber außerhalb des Zentrums. Natruper Straße 227 • Tel.: 0541 913070 • www.hotel-welp.de

12 Hotel Westermann Modernes, familiäres Hotel, fußläufig zur Innenstadt. Koksche Straße 1 • Tel.: 0541 981140 • www.westermann-hotel.de

13 Osterhaus Landhaus Am grünen Nordrand von Osnabrück, nah ins Nettetal. Bramstraße 109 a • Tel.: 0541 9621231 • www.osterhaus.de

14 Parkhotel Osnabrück Ruhig am Heger Holz außerhalb des Zentrums gelegen. Edinghausen 1 • Tel.: 0541 94140 • www.parkhotel-osnabrueck.de

PREISWERT

15 B&B Hotel Osnabrück Günstiges Hotel im Gewerbegebiet in Bahnhofsnähe und noch fußläufig zur Innenstadt gelegen. Hamburger Straße 10 • Tel.: 0541 181760 • www.hotelbb.de

16 HotelAppart Günstiges Hotel am Stadtrand. Kirchstraße 50 • Tel.: 0541 123526 • www.hotelappart.de

17 Hotel Neustadt Günstiges Hotel südlich der Innenstadt. Miquelstraße 34 • Tel.: 0541 51200 • www.hotel-neustadt.com

18 Hotel Westerkamp Günstiges Hotel im Osten der Stadt, außerhalb des Zentrums. Bremer Straße 120 • Tel.: 0541 97770 • www.hotel-westerkamp.de

19 ibis budget Osnabrück City Direkt am Bahnhof mit Automaten-Check-In. Möserstraße 51 • Tel.: 0541 12098820 • www.ibis.com

20 Intourhotel Osnabrück Innenstadtnah im Katharinenviertel. Maschstraße 10 • Tel.: 0541 963860 • www.intourhotel.de

21 Jugendherberge Osnabrück Mitgliedschaft ist Voraussetzung, aber bei der Buchung möglich. Iburger Straße 183 a • Tel.: 0541 54284 • www.jugendherberge.de

22 Novum Hotel Osnabrück Weit außerhalb der Innenstadt gelegen, nahe der A 30. Blumenhaller Weg 152 • Tel.: 0541 40490 • www.novum-hotels.de •

23 Penthouse Backpackers Osnabrück Günstige und einfache Übernachtungsmöglichkeit in der Innenstadt, nah am Bahnhof. Möserstraße 19 • Tel.: 0541 6009606 • www.penthousebp.com

► Die große Bühne von Theater bis Oper und Konzerten präsentiert das Große Haus des Stadttheaters am Domhof

KULTUR UND FREIZEIT

Osnabrück bietet ein reichhaltiges und abwechslungsreiches Kultur- und Freizeitangebot. Ein guter Tipp ist die „CityCard" als Fahrkarte für das Stadtbusnetz und Eintrittskarte zu Osnabrücker Museen. Hinzu kommen Gutscheine mit Ermäßigungen für weitere Aktivitäten. Die Eintageskarte kostet 8 Euro pro Person und 11 Euro für eine Familie, für zwei Tage 10 bzw. 16 Euro.

MUSEEN UND SAMMLUNGEN

1 Kulturgeschichtliches Museum

ENTDECKER-TIPP

Das Museum verdankt seine Gründung im Jahr 1879 dem Engagement Osnabrücker Bürger. Im 1890 eröffneten Hauptgebäude findet sich die Stadtgeschichte vom Mittelalter bis zum 19. Jh. in sehenswerten Objekten ausgestellt. Verschiedene Sammlungen repräsentieren zugleich das bürgerliche Selbstverständnis im 19. und 20. Jh., sie reichen von antiken ägyptischen Stücken bis zu Gemälden der „Alten Meister" und einer Dürer-Sammlung. Hinzu kommen wechselnde Ausstellungen und Vortragsreihen mit stadtgeschichtlichen Bezügen. In der Villa Schlikker, dem „braunen Haus" als ehemaliger NSDAP-Zentrale, steht das 20. Jh. im Mittelpunkt. Die besondere Rolle des Hauses in der NS-Zeit und die Nähe zum benachbarten Felix-Nussbaum-Haus machen die Villa Schlikker auch zu einem herausragenden Erinnerungsort. Mit verschiedenen Projekten zur Oral History, zu Kriegskindern und -enkeln sowie dem „Virtuellen Osnabrücker Migrationsmuseum" wird hier zeit- und stadtgeschichtliche Arbeit auch in enger Zusammenarbeit mit den Menschen aus Osnabrück betrieben. Lotter Straße 2 • Tel.: 0541 3232237 • www.osnabrueck.de/kgm • Di.–Fr.11–18 Uhr, jeden 1. Do. 11–20 Uhr, Sa./So. 10–18 Uhr •

◀ Im Kulturgeschichtlichen Museum lässt sich tief in die Osnabrücker Stadtgeschichte eintauchen

2 Felix-Nussbaum-Haus Das 1998 eröffnete Museum des Architekten Daniel Liebeskind beherbergt mit 200 Bildern einen großen Teil des Werkes von Felix Nussbaum. Der in Osnabrück geborene und 1944 in Ausschwitz ermordete Maler ist mit seinen Bildern einer der bedeutendsten künstlerischen Zeugen von Verfolgung und Holocaust im Dritten Reich. Eindrucksvoll ist die enge symbolische Verbindung zwischen Ausstellung und Architektur des Hauses. Lotter Straße 2 • Tel.: 0541 3232237 • www.osnabrueck.de/fnh • Di.–Fr.11–

18 Uhr, jeden 1. Do. 11–20 Uhr, Sa./So. 10–18 Uhr •

3 Diözesanmuseum Über 1.200 Jahre Bistumsgeschichte vom späten 8. Jh. bis heute zeigt das Diözesanmuseum. Angefangen bei archäologischen Funden wie einer karolingischen Taubenfibel, schreitet der Besucher durch kirchliche Kunst vom Mittelalter bis zum 20. Jh. Höhepunkt bilden die Schnitzwerke des Meisters von Osnabrück aus dem frühen 16. Jh. und die reiche Osnabrücker Goldschmiedekunst des Mittelalters. Im Zentrum thront der bedeutende Domschatz mit seinen goldstrahlenden Schreinen, Kreuzen und Kelchen in einem schreinartigen Tresorraum. Am Ausgang zeigt ein großer Bildschirm, wie heute der Katholizismus nah an den Gläubigen im Bistum Osnabrück gelebt wird. Diese Nähe am Leben findet sich auch in Sonderausstellungen, die mitunter das Verhältnis von Kirche und Fußball abbilden. Domhof 12 • Tel.: 0541 318481 • https://bistum-osnabrueck.de/dioezesanmuseum • Di.–So. 10–18 Uhr •

4 Erich Maria Remarque-Friedenszentrum Remarque ist nach dem Krieg kaum mehr nach Osnabrück zurückgekommen. Sein Leben und Werk hat aber ein Zentrum im Herzen der Stadt gefunden. Neben der wichtigsten Sammlung zu dem Osnabrücker Schriftsteller sind hier wechselnde Ausstellungen rund um Remarque und die Themen Krieg und Frieden zu sehen. Markt 6 • Tel.: 0541 3232109 • www.remarque.uos.de • Di.–Fr.10–13/15–17 Uhr, Sa./So. 11–17 Uhr •

5 Museum Industriekultur Hier kann der Besucher in die frühe Industrie- und Bergbaugeschichte Osnabrücks eintauchen – und dies wortwörtlich. Denn ein Fahrstuhl fährt 30 Meter in den alten Haseschacht ein und über einen 300 Meter langen Stollen sind die verschiedenen Museumsbereiche untereinander verbunden. Alte Dampfmaschinen treiben nachgebaute Werkstätten an und im Magazingebäude finden regelmäßig herausragende Sonderausstellungen statt. Rund um das Museum führen Wege hinauf in die canyonartige Steinbruchlandschaft des Piesberges. Fürstenauer Weg 171 • Tel.: 0541 122447 • www.industriekultur-museumos.de • Mi.–So. 10–18 Uhr •

6 Museum am Schölerberg, Natur und Umwelt. Planetarium Das Osnabrücker Land gehört zu den erdgeschichtlich spannendsten Regionen Deutschlands und so gibt es hier natürlich ein Museum, dass sich dieser Landschaft mit seiner Geologie, Natur und Umwelt widmet. In den unterirdischen Welten wird der Besucher in die Geschichte und Bedeutung des Bodens – die Lebensgrundlage der Menschheit – eingeführt und mit dem unterirdischen Zoo besteht eine Verbindung zum benachbarten Osnabrücker Zoo (S. 135). Klaus-Strick-Weg 10 • Tel.: 0541 56 00 30 • www.museum-am-schoelerberg.de • Di. 9–20 Uhr, Mi.–Fr. 9–18 Uhr, Sa. 14–18 Uhr, So. 10–18 Uhr •

7 Kunsthalle Osnabrück Schon leer ist die Kunsthalle in der ehemaligen Dominikanerkirche eigentlich einen Besuch wert. Spannungsvoll wird der Raum aber als Ausstellungsort für Gegenwartskunst, die in der gotischen Kirche einen großen und herausfordernden Rahmen erhält. Jedes Jahr findet hier während des European Media Art Festivals eine der wichtigsten Ausstellungen zur Medienkunst statt. Hasemauer 1 • Tel.: 0541 3232190 • www.osnabrueck.de/kunsthalle • Di. 13–18 Uhr, Mi.–Fr. 11–18 Uhr, Sa./So. 10–18 Uhr •

8 Zentrum für Umweltkommunikation (ZUK) Im ZUK präsentiert die in Osnabrück ansässige Deutsche Bundesstiftung Umwelt verschiedene Ausstellungen und Veranstaltungen rund um das Thema Umwelt und Naturschutz. Als Ort der Umweltbildung richtet es sich vor allem auch an Schulklassen. An der Bornau 2 • Tel.: 0541 9633915 • www.dbu.de/zuk • Mo.–Do. 9–17 Uhr, Fr. 9–13 Uhr •

9 Museum für schmalspurige Feldbahnen Osnabrück-Piesberg e.V. Ein Museum, das noch keines ist, aber schon in der Aufbauphase durch enthusiastische Vereinsmitglieder Feldbahnfahrten auf den Piesberg anbietet. Fürstenauer Weg 180 • www.feldspur.de • Apr.–Okt. 1./3. So. im Monat 10–18 Uhr

KONZERT, THEATER, KLEINKUNST

10 Theater Osnabrück Der Jugendstilbau am Domhof beherbergt die große Bühne des Osnabrücker Theaters. Mit einem Vierspartenhaus, das über zwei Spielstätten verfügt, kann sich Osnabrück in der Theaterlandschaft sehen lassen. Das Programm reicht vom Schauspiel über Tanztheater bis Musical und Oper oder Symphoniekonzerten. Sehr engagiert ist das Kinder- und Jugendtheater OSKAR. Domhof 10/11 • Tel.: 0541 7600076 • www.theater-osnabrueck.de • Theaterkasse: Di.–Fr. 10.30–18.30 Uhr, Sa. 10.30–14 Uhr •

11 Emma-Theater Die kleine Bühne des Theaters Osnabrück im ehemaligen Ernst-Moritz-Arndt-Gymnasium mit sehr intimer Spielstätte. Lotter Straße 6 • Tel.: 0541 7600076 • www.theater-osnabrueck.de •

12 die probebühne Das 1966 gegründete Amateurtheater steht für Theater mit Anspruch. Reizvoll ist die Spielstätte in der ehemaligen Kapelle des Deutschen Ordens. Wiesenstraße 1 • Tel.: 0541 22666 • www.probebuehne.de

13 Erstes unordentliches Zimmertheater Osnabrücks zweites Amateurtheater mit traditionellen und modernen Stücken und Eigenproduktionen. Mit 45 Plätzen zudem das kleinste Theater der Stadt. Lohstraße 45 a • Tel.: 0541 2599595 • www.zimmertheater-os.de

14 Figurentheater Alte Fuhrhalterei Eines der wenigen Figurentheater mit fester Spielstätte. Programm für Kinder und Erwachsene. Kleine Gildewart 9 • Tel.: 0541 27257 (kein Kartenvorverkauf, nur vor Ort oder online) • www.figurentheater-osnabrueck.de •

15 Haus der Jugend Das vielseitige Programm im Haus der Jugend bietet Musikveranstaltungen für Kinder, Jugendliche und Erwachsene, Theateraufführungen, Kleinkunstabende sowie Konzerte und Workshops. Im Sommer gibt es regelmäßig Veranstaltungen im Innenhof, einem der schönsten der Stadt. Große Gildewart 6–9 • Tel.: 0541 3234178 • www.hausderjugend-os.de •

16 Lagerhalle Die Lagerhalle ist der zentrale Ort der Osnabrücker Kleinkunst. Kabarett, Theater, Lesungen …

Oder dürfen es Konzerte und Programmkino sein? Daneben werden hier Kurse angeboten, es treffen sich Gruppen und Initiativen. Legendär und unbedingt zu empfehlen ist die montägliche „acoustic Blue Monday Jam", die Session für alle Blues-Fans. Rolandsmauer 26 • Tel.: 0541 338740 • www.lagerhalle-osnabrueck.de •

17 Lutherhaus Das ehemalige Gemeindehaus der Katharinenkirche verfügt über einen Saal mit 300 Plätzen für Konzerte und Theater, ein Programmschwerpunkt liegt auf Gitarrenmusik. Im Haus befindet sich auch ein Tonstudio. Jahnstraße 1 • Tel.: 0541 2001831 • www.lutherhaus.info

18 OsnabrückHalle Die Stadthalle mit einem vielseitigen Angebot für größere Konzerte, Theater, Kabarett oder Messen, Tagungen und Kongresse. Schlosswall 1–9 • Tel.: 0541 34900 • www.osnabrueckhalle.de •

19 Piesberger Gesellschaftshaus Früher Treffpunkt der Bergleute, heute Kulturzentrum mit vielfältigem Angebot von Kindertheater, über Tango bis zum Varieté im historischen Festsaal. Glückaufstraße 1 • Tel.: 05 41 1208888 • www.piesberger-gesellschaftshaus.de •

KINO

20 Cinema-Arthouse Es gilt als eines der besten Arthouse-Kinos Deutschlands und ist natürlich die erste Kinoadresse Osnabrücks. Erich-Maria-Remarque-Ring 16 • Tel.: 0541 600650 • www.cinema-arthouse.de •

21 Filmtheater Hasetor Osnabrücks traditionelles Filmkunst- und Programmkino. Hasestraße 71 • Tel.: 05 41 23777 • www.cinema-arthouse.de •

22 Cinestar Modernes Multiplexkino für die Blockbuster. Theodor-Heuss-Platz 6–9 • Tel.: 0541 7030200 • www.cinestar.de •

23 Filmpassage Osnabrück Einst mit neun Kinosälen das erste Multiplexkino der Stadt, jetzt in frischem Gewand mit breitem Programm. Johannisstraße 112/113 • Tel.: 03871 2114040 • www.filmpassage.de •

LIVEMUSIK UND TANZLOKALE

24 Alando-Palais Die eher schicke Mainstream-Disco in mallorquinischem Ambiente. Pottgraben 60 • Tel.: 0541 3502700 • www.alando-palais.de • Do. ab 21.30 Uhr, Fr./Sa. ab 22 Uhr

25 Glanz & Gloria Ausgezeichneter Keller-Club – Indie, Rock, Alternative, auch Konzerte. Karlstraße 51 • Tel.: 0541 7607780 • www.glanzundgloria.biz • Mi./Fr./Sa. ab 23 Uhr

26 Hyde-Park Legendärer Musik-Club. Als der erste Hyde-Park 1983 geschlossen wurde, brachten die Krawalle es in die „Tagesschau". Wechselnde Musikprogramme und immer noch gute Konzerte. Fürstenauer Weg 128 • Tel.: 0541 9116911 • www.hyde-park.de • Do.–Sa. 22–5 Uhr

27 Kleine Freiheit Der Club steht für das bunte Leben am ehemaligen Güterbahnhof. Hamburger Straße 22 • Tel.: 0541 7607780 • www.kleinefreiheit.info • Do.–Sa. ab 23 Uhr

Die „Lagerhalle" zählt zu den schönsten und besten Veranstaltungsorten der Stadt

28 Rosenhof Einst ein Kino, jetzt der schönste Konzertort. Rosenplatz 23 • Tel.: 0541 961460 • www.rosenhof-os.de

GALERIEN

29 Atelier Trieb Ein Biotop des Besonderen ist die Freiluft-Galerie des Künstlers Volker-Johannes Trieb. Am Sutthauser Bahnhof 5 • Tel.: 0541 597153. www.atelier-trieb.de • Mo./Fr. 15– 18 Uhr, Sa./So. 12–18 Uhr

30 Galerie KunstGenuss Galerie für zeitgenössische Kunst in alter Fabriketage, mit Café. Liebigstraße 29 • Tel.: 0170 8350320 • www.galerie-kunstgenuss.de • Do. 14–20 Uhr, So. 14–18 Uhr

31 Galerie Letsah Schwerpunkt liegt auf zeitgenössische gegenständlicher Malerei und Grafik, gelegentlich Fotografie und Skulptur. Süntelstraße 49 • Tel.: 0541 6001255 • www.galerie-letsah.de • Sa./So. 14–19 Uhr

32 Kunst-Quartier Galerie des Bundes Bildender Künstlerinnen und Künstler Osnabrück mit wechselnden Ausstellungen. Bierstraße 33 • www.bbk-osnabrueck.de • Di.–Fr. 14–18 Uhr, Sa. 11–16 Uhr

33 Kunstraum Hase29 Galerie der Gesellschaft für zeitgenössische Kunst Osnabrück e. V. mit wechselnden Ausstellungen. Hasestraße 29/30 • Tel.: 0541 58051396 • www.hase29.de • Di./Mi./Fr. 14–18 Uhr, Do. 16– 20 Uhr, Sa. 11–15 Uhr

SCHWIMMBÄDER

34 Nettebad Freizeitbad mit Hallen- und Freibecken und Sauna, Großrutsche, Liegewiese und Gastronomie. Im Haseesch 6 • Tel.: 0541 20022270 • www.nettebad.de • Mo.–So. 6.30–22 Uhr

Mit einem historischen Zug unterwegs durch das Osnabrücker Land

35 Moskaubad Freibad mit kleinerem Hallenbad und Gastronomie. Limberger Straße 147 • Tel.: 0541 20022290 • www.moskaubad.de • Hallenbad: Mo./Fr. 6–21 Uhr, Di. 8–17.45 Uhr, Mi. 6–11.30/14–17.30 Uhr, Sa./So. 7–21 Uhr, Freibad: Mai–Sept. Mo.–Fr. 6–21 Uhr, Sa./So. 7–21 Uhr

36 Schinkelbad mit Cabriosol Hallenbad plus Solebad, dessen Dach bei schönem Wetter geöffnet werden kann. Daneben gibt es zur Erholung einen Salzinhalationsraum und eine Textilsauna. Im Wegrott 37 • Tel.: 0541 20022280 • www.schinkelbad.de • Sportbad: Di./Do. 6–21 Uhr, Fr. 8–21 Uhr, Sa./So. 8–20 Uhr, Cabriosol: Mo./Mi. 8–21 Uhr, Di./Do. 6–21 Uhr, Sa./So. 8–20 Uhr

FÜR KINDER UND JUGENDLICHE

37 Kletterwald Osnabrück Nettetal 4 • 49134 Wallenhorst • Tel.: 0541 99899841 • www.teamotion.de • Do./Fr. 14–20 Uhr, Sa./So. 10–20 Uhr

38 Minigolf Nettetal Nettetal 3 • 49134 Wallenhorst • Tel.: 05406 8069901 • www.minigolf-nettetal.de • Apr.–Okt. Mo.–Fr. ab 13.30 Uhr, Sa./So. ab 10 Uhr

39 Osnabrücker Minigolf Club Barenteich 2a • Tel.: 0541 9116633 • www.minigolf-osnabrueck.de • Apr.–Okt. Mo.–Sa. ab 13.30 Uhr, So. ab 10 Uhr, Nov.–März: Sa./So. 13.30–17 Uhr

40 Spielplatz HanseKogge Adolf-Reichwein-Platz

SONSTIGES

41 Botanischer Garten Wunderschön und geschützt in zwei alten Steinbrüchen gelegen. Das 21 Meter hohe Tropenhaus erstreckt sich über die Felswand des Steinbruchs. Albrechtstraße 29 • Tel.: 0541 9692 739 • www.bogos.uni-osnabrueck.de

• Apr.–Sept. Mo.–Fr. 8–20 Uhr, Sa. 14–20 Uhr, So. 10–20 Uhr, Okt.–März Mo.–Fr. 8–16 Uhr, So. 10.30–16 Uhr

42 Osnabrücker Dampflokfreunde e.V. Die Dampflokfreunde bieten regelmäßig Sonderfahrten auf dem Osnabrücker Schienennetz an. Wer mag, kann auch einen Zug chartern. Süberweg 60e • Tel.: 0541 1208808 • www.osnabruecker-dampflokfreunde.de

43 Gedenkstätte Gestapokeller Mahnende Erinnerung an die Osnabrücker Gestapo, die ihre Zellen im Keller des Schlosses hatte. Neuer Graben/Schloss • Tel.: 0541 9696060 • www.gedenkstaette-osnabrueck.de • 1. So. im Monat 14–17 Uhr

44 Halle Gartlage Überregional bedeutend ist die etwas in die Jahre gekommene Halle als Ort wichtiger Zuchtviehauktionen. Auf dem Außengelände finden die Jahrmärkte und samstags ein großer Flohmarkt statt. Schlachthofstraße 48 • Tel.: 0541 2022166 • www.hallegartlage.de

45 Bremer Brücke Stadion des VFL Osnabrück, wegen der engen Atmosphäre bei allen Gegnern in Liga und DFB-Pokal gefürchtet. 1989 wurde die Frauen-Nationalmannschaft hier erstmals Europameister. Scharnhorststraße 50 • Tel.: 0541 770870 • www.vfl.de

46 Zoo Fast 300 Tierarten tummeln sich in den verschiedenen, neu gestalteten Themenlandschaften. Der Wald des Schölerberges schirmt von der hektischen Großstadt ab und die großen Spielplätze bieten zusätzlich Abwechslung für die ganze Familie. Klaus-Strick-Weg 12 • Tel.: 0541 951050 • www.zoo-osnabrueck.de • Apr.–Sept. Mo.–So. 8–18.30 Uhr, Okt.–März Mo.–So. 9–17 Uhr

ZIELE IN DER UMGEBUNG

47 Stadtmuseum Quakenbrück Sehr gelungene Ausstellung zur Geschichte der alten Handelsstadt Quakenbrück. Markt 7 • 49610 Quakenbrück • Tel.: 05431 3183 • www.stadtmuseum-quakenbrueck.de • Do./Sa./So. 14–17 Uhr

48 Museum des Landkreises Osnabrück Das Museum im ehemaligen Zisterzienserinnenkloster Bersenbrück wird im Herbst 2018 mit neuer Konzeption wiedereröffnet. Stiftshof 4 • 49593 Bersenbrück • Tel.: 05439 441 • Do./Fr. 9–13 Uhr, Sa./So. 14–17 Uhr

49 Tuchmachermuseum Bramsche Das Osnabrücker Land ist eine alte Textilregion und Bramsche war eines der bedeutendsten Zentren. An noch funktionierenden Maschinen des 19. und 20. Jh.s wird der Herstellungsprozess des Bramscher Tuches anschaulich gemacht. Mühlenort 6 • 49565 Bramsche • Tel.: 05461 94510 • www.tuchmachermuseum.de • Di.–So. 10–17 Uhr •

50 Museum und Park Kalkriese Nur 20 Kilometer nördlich der Friedensstadt Osnabrück liegt das Museum zu einer der berühmtesten antiken Schlachten. Vermutlich hier unterlagen die Römer unter Varus germanischen Kriegern. Tatsächlich war aber auch deren Anführer Arminius römischer Bürger und Offizier, ein guter Teil seiner Truppen gehörte zur römischen Armee. Das Museum mit großem Außengelände gibt

Im Eisenzeithaus wird die Frühgeschichte des Osnabrücker Landes greifbar

Einblick in die fortlaufenden archäologischen Untersuchungen und die Funde des Schlachtfeldes, die eine wichtige Quelle zur Geschichte der römischen Armee sind. Dazu regelmäßig größere Sonderausstellungen. Venner Straße 69 • 49565 Bramsche • Tel.: 05468 92040 • www.kalkriese-varusschlacht.de • Apr.–Okt. Mo.–So. 10–18 Uhr, Nov.–März Di.–So. 10–17 Uhr •

51 Museum Schnippenburg Spektakulär sind auch die archäologischen Funde von der eisenzeitlichen Schnippenburg. Schmuck und Gebrauchsgegenstände aus Eisen und Bronze zeugen von keltischem Einfluss, der über weite Handelsverbindungen bis in die Region um Osnabrück ausstrahlte. Mühlenstraße 1 • 49179 Ostercappeln • Tel.: 05473 8019079 • www.schnippenburg.de • März–Okt. So. 14–18 Uhr und nach Vereinbarung •

52 Eisenzeithaus Wie lebten die Menschen vor über 2.000 Jahren im Osnabrücker Land? Das Eisenzeithaus gibt darauf eine anschauliche Antwort in landschaftlich schöner Umgebung. Knostweg 4 • 49179 Ostercappeln • Tel.: 0176 69311355 • www.eisenzeithaus.de • Außengelände frei zugänglich sowie verschiedene Sonderveranstaltungen

53 Automuseum Melle Eine prächtige Gründerzeitfabrik gibt auf 3.000 Quadratmetern den passenden Rahmen für eine umfangreiche Ausstellung zur Automobilgeschichte. Alle Automobile und Motorräder befinden sich im fahrbereiten Zustand. Pestelstraße 38–40 • 49324 Melle • Tel.: 05422 46838 • www.automuseummelle.de • Di.–Sa. 11–18 Uhr, So. 10–18 Uhr •

54 Schlossmuseum Iburg Ausgehend von archäologischen Funden wird die fast tausendjährige Geschichte von Kloster und Schloss Iburg als wichtige Residenz der Osnabrücker Bischöfe präsentiert. Schloss

Stadt- und Industriegeschichte Georgsmarienhüttes in der Villa Stahmer

Iburg • 49186 Bad Iburg • Tel.: 05403 40466 • www.badiburg.de • Fr.–So. 14.30–17 Uhr, Schlossführungen Sa./So. 15 Uhr •

55 Museum Villa Stahmer Schon die repräsentative Jugendstilvilla des Fabrikanten Stahmer selbst ist ein Museumsstück. In ihren Räumen wird in einer klug und schön konzipierten Ausstellung die Geschichte Georgsmarienhüttes und der einst selbstständigen Ortsteile nachgezeichnet. Im Zentrum steht aber natürlich die Eisen- und Stahlverarbeitung, die eine ländliche Gemeinde seit dem 19. Jh. in eine Industriestadt verwandelte. Carl-Stahmer-Weg 13 • 49124 Georgsmarienhütte • Tel.: 05401 40755 • Di./Do. 9–12/15–18 Uhr, So. 10–13/15–18 Uhr (während der Sommerferien geschlossen)

56 Gedenkstätte Augustaschacht Im ehemaligen Arbeitserziehungslager Ohrbeck wird an die Opfer und die Zeit des Nationalsozialismus im Osnabrücker Land gedacht. Das Lagergebäude selbst ist Zeugnis schwerster Verbrechen. Zur Hüggelschlucht 4 • 49205 Hasbergen • Tel.: 05405 8959270 • www.augustaschacht.de • Feb.–Okt. Mo.–Fr. 14–17 Uhr, So. 11–17 Uhr, Nov.–Jan. Mo.–Fr. 14–17 Uhr, So. 13–16 Uhr

57 Freilichtbühne Tecklenburg Eine der größten deutschen Freilichtbühnen mit jährlichem Musical-Programm. Schlossstraße 7 • 49545 Tecklenburg • Tel.: 05482 220 • www.buehne-tecklenburg.de •

58 Wiedenbrücker Schule Museum Ausstellung zum bedeutenden Wiedenbrücker Kunsthandwerk im 19. und frühen 20. Jh. und zur Stadtgeschichte. Hoetger Gasse 1 • 33378 Rheda-Wiedenbrück • Tel.: 05242 37 85526 • www.wiedenbruecker-schule.org • Mi. 9–12 Uhr, Do./Sa./So. 15–17 Uhr

INFORMATIONS-ABC

ANREISE

Mit dem Auto Über die Autobahnen A 1, A 30 und A 33 ist Osnabrück problemlos aus allen Richtungen zu erreichen. Aber Achtung: Osnabrück hat eine Umweltzone – ohne grüne Plakette ist am Stadtrand Schluss.

Mit der Eisenbahn Osnabrück liegt an der Kreuzung wichtiger Nord-Süd- und Ost-West-Verbindungen. Mit ICE oder IC ist die Stadt direkt beispielsweise aus Hamburg, Bremen, Berlin, München, Stuttgart, Basel, Freiburg, Frankfurt, Köln, dem Ruhrgebiet und Amsterdam zu erreichen.

Mit dem Flugzeug Der internationale Flughafen Münster-Osnabrück in Greven ist etwa 30 Kilometer entfernt und mit einem Schnellbus in maximal 40 Minuten zu erreichen.

GOTTESDIENSTE

Evangelisch St. Marien • Markt • www.marien-osnabrueck.de • St. Katharinen • An der Katharinenkirche 7 • www.katharinen-gemeinde.de

Katholisch Dom St. Peter • Domhof • www.domgemeinde-os.de • St. Johann • Johannisstraße 40 • www.st-johann-os.de

INFORMATION

Tourist Information Osnabrück/ Osnabrücker Land Bierstraße 22–23 • Tel.: 0541 3232202 • www.osnabrueck.de/tourismus • Mo.–Fr. 9.30–18 Uhr, Sa. 10–16 Uhr

Tourismus-Information Artland Lange Straße 39 • 49610 Quakenbrück • Tel.: 05431 907590 • www.artland.de • Apr.–Sept. Mo.–Fr. 10–13/14–16 Uhr, Sa. 10–13 Uhr, Okt.–März 10–13 Uhr

Tourist-Info Bramsche Mühlenort 6 • 49565 Bramsche • Tel.: 05461 945110 • www.bramsche.de • Di.–So. 10–17 Uhr

Tourist-Information Bad Essen Lindenstraße 25 • 49125 Bad Essen • Tel.: 05472 94920 • www.badessen.info • Mo.–Fr. 9–17 Uhr, Sa./So. 14–17 Uhr

Tourist-Information Bad Iburg Am Gografenhof 3 • 49186 Bad Iburg • Tel.: 05403 40466 • www.badiburg.de • Mo./Di./Fr. 8.30–13/14–17 Uhr, Mi. 8.30–13 Uhr, Do. 8.30–13/14–18 Uhr, Sa. 10–12 Uhr

Tourist-Information Bad Rothenfelde Am Kurpar 12 • 49214 Bad Rothenfelde • Tel.: 05424 22180 • www.bad-rothenfelde.de • Mo.–Fr. 9–12/13.30–17 Uhr, Sa. 9.30–12.30 Uhr

BARRIEREFREIHEIT

- Gehbehinderte Menschen
- Rollstuhlfahrer

Tourist-Info Tecklenburg Markt 7 • 49545 Tecklenburg • Tel.: 05482 93890 • www.tecklenburg-touristik.de • Mo.–Fr. 9–17 Uhr, Mai–Sept. zusätzlich Sa./So. 11–16 Uhr

Tourist-Info Rheda-Wiedenbrück Rathausplatz 8–10 • 33378 Rheda-Wiedenbrück • Tel.: 05242 93010 • www.rheda-wiedenbrueck.de • Mo.–Fr. 10–13/14–18 Uhr, Sa. 10–13 Uhr

Natur- und Geopark TERRA.vita Am Schölerberg 1 • Tel.: 0541 5014218 • www.geopark-terravita.de

BOOTSVERLEIH

Café-Restaurant am Rubbenbruchsee Ruder- und Tretbootverleih. Barenteich 2 • Tel.: 0541 127433 • www.rubbenbruchsee.eu • März–Okt. Mo.–So. 11–21 Uhr

FAHRRADVERLEIH

Radstation am Hauptbahnhof Auch Rikschas und Behindertenfahrräder. Theodor-Heuss-Platz 2 • Tel.: 0541 259131 • www.stadtwerke-osnabrueck.de • Mo.–Fr. 6–22 Uhr, Sa./So. 8–20 Uhr

Zweiradhaus Dependahl Am Kirchenkamp 14 • Tel.: 0541 45675 • www.dependahl.com • März–Okt. Mo.–Fr. 9–19 Uhr, Sa. 10–17 Uhr, Nov.–Febr.: Mo.–Fr. 9.30–18 Uhr, Sa. 10–15 Uhr

MOBILITÄT

Stadtwerke Osnabrück Mobilitätszentrum Am Neumarkt 9–11 • Tel.: 0541 20022211 • www.stadtwerke-osnabrueck.de

Parken in der Innenstadt Es gibt zahlreiche Parkhäuser in der Innenstadt mit einem sehr guten Parkleitsystem. Zu Engpässen kommt es immer zu Fronleichnam und Allerheiligen (Feiertage im benachbarten NRW) und an den Adventssamstagen.

Taxi Tel.: 0541 32011 (Funk-Taxi) • Tel.: 0541 83083 (Taxi-Ruf) • Tel.: 0541 27 027 (Mini Car)

STADTFÜHRUNGEN

k3 stadtführungen Osnabrück Summerland 17 • Tel.: 0541 38599 35 • www.stadtfuehrungen-in-osnabrueck.de

Stadtführergilde Osnabrück e.V. Herderstraße 32 • Tel.: 0541 4067473 • www.stadtfuehrergilde-osnabrueck.de

StadtLand Führungen Osnabrück Auguststraße 25 • Tel.: 0541 2029972 • www.osnabrueck-fuehrungen.de

Zeitseeing Stadtführungen Bierstraße 17/18 • Tel.: 0541 7502340 • www.osnabrueck-stadtfuehrungen.de

WANDERFÜHRUNGEN/ MOUNTAINBIKE-TOUREN

Bergschule Osnabrück Johannisstraße 87a • Tel.: 0541 98266720 • www.bergschule-osnabrueck.de • Mi.–Fr.: 10–13/15–17 Uhr

ZEITUNGEN

Die **Neue Osnabrücker Zeitung** berichtet als große Regionalzeitung von Mo.–Sa. alles Wichtige aus der Welt und dem Osnabrücker Land, dazu die aktuellen Veranstaltungshinweise. www.noz.de

Das **Stadtblatt** erscheint monatlich mit einer umfangreichen Übersicht sämtlicher Kulturveranstaltungen, Konzerte, Ausstellungen usw. www.stadtblatt-osnabrueck.de

REGISTER

ORTSREGISTER

PERSONENREGISTER